U0920454

“十二五”国家重点图书出版规划项目

国家产业安全理论与预警机制

产业组织安全论

李孟刚　著

北京交通大学出版社
·北京·

内容简介

产业组织安全是对产业安全理论更进一步的深入研究，是在产业安全理论框架下，对产业组织存在问题的进一步分析。通过对产业组织安全的界定、产业组织安全分析的理论模型、产业组织安全的主要影响因素的分析，构建了产业组织安全理论的完整体系，并在此框架下构建产业组织安全评价的指标体系。

本书特别针对我国产业组织安全的现状进行分析，对产业组织安全存在的问题进行剖析，并利用已构建的产业组织安全评价体系对我国产业组织安全的四个子系统，即产业国内环境子系统、产业国际竞争力子系统、产业对外依存度子系统、产业控制力子系统、进行实证分析，为维护我国产业组织安全提供一些借鉴。

图书在版编目（CIP）数据

产业组织安全论 / 李孟刚著 . —北京：北京交通大学出版社，2016. 12
（国家产业安全理论与预警机制）
ISBN 978-7-5121-2955-9

Ⅰ. ① 产… Ⅱ. ① 李… Ⅲ. ① 产业组织-组织管理-安全管理 Ⅳ. ① F062. 9

中国版本图书馆 CIP 数据核字（2016）第 180159 号

产业组织安全论
CHANYE ZUZHI ANQUANLUN

策划编辑：吴嫦娥　　责任编辑：赵彩云
出版发行：北京交通大学出版社　　电话：010-51686414
地　　址：北京市海淀区高梁桥斜街 44 号　　邮编：100044
印 刷 者：北京艺堂印刷有限公司
经　　销：全国新华书店
开　　本：170 mm×240 mm　印张：11　字数：185 千字
版　　次：2016 年 12 月第 1 版　2016 年 12 月第 1 次印刷
书　　号：ISBN 978-7-5121-2955-9/F · 1661
定　　价：69. 00 元

本书如有质量问题，请向北京交通大学出版社质监组反映。
投诉电话：010-51686043，51686008；传真：010-62225406；E-mail：press@bjtu. edu. cn。

前　言

“产业组织安全论”是中国产业安全研究中心在完善和丰富“产业安全理论”研究过程中形成的最新成果。中国产业安全研究中心是我国最先成立，也是目前国内唯一专门研究产业安全问题的学术机构。我国已经确立了 21 世纪头 20 年全面建设小康社会的目标，到 2020 年，国内生产总值比 2000 年翻两番。要实现这一宏伟蓝图，必须保证经济健康、安全、快速的发展，这对产业安全理论、产业组织安全理论的研究提出了更高的要求。只有产业发展的安全得到保障，产业发展的规模、水平才能增强国家经济实力，提高国家经济影响力，特别是对于我国这样一个产业竞争力较弱、产业发展水平较低的发展中国家尤为关键。

产业组织安全必然会使生产要素不断由附加值低的劳动密集型产业向附加值高的资本、技术密集型产业流动。一方面，新的企业能源源不断地进入市场，使企业感到很强的竞争压力，从而具备努力降低生产成本和交易费用，不断改进产品和工艺过程、开发新技术、提高产品竞争力的动力；另一方面，企业充分利用规模经济，使一国企业和产业在国际竞争中具有规模竞争优势，在国际分工中处于优势地位。

产业组织安全是对产业安全理论进一步的深入研究，是在产业安全理论框架下，对产业组织存在问题的进一步分析。通过对产业组织安全的界定、产业组织安全分析的理论模型、产业组织安全的主要影响因素的分析，构建了产业组织安全理论的完整体系，并在此框架下构建产业组织安全评价的指标体系。

《产业组织安全论》一书的出版是中心全面展开对产业安全问题人文社会科学领域研究的一项重要成果。该书与《产业结构安全论》《产业布局安全论》《产业政策安全论》《产业空心化问题研究》《产业安全评价》《产业安全预警研究》《中国产业安全立法研究》一同提升、丰富和完善了产业安全理论体系。在保持“产业安全理论”基本框架和指导思想的基础上，本书的最大特色体现在以下方面。第一，提出产业组织安全概念，它是指某一国家或地区的产业持续增长、产业内企业处于有效竞争的状态。第二，完善了产业组织安全理论体系内容，产业组织安全作为产业安全重要的经济学分支，深刻影响着产业安全。本书从系统的观点出发，本着整体性和动态性原则，从基础理论出发，确立了产业组织安全的概念内涵、影响因素和评价方法，并提出产业组织安全的维护措施，构建了产业组织安全研究基本框架。第三，首次对我国的产业组织安全进行了实证分析和评价，本书在系统研究产业组织理论后，将研究对象聚焦于我国的产业组织安全。具体来说，本书在构建产业组织安全评价指标体系的基础上，运用这些评价指标和相关数据，对我国产业组织安全进行了较为全面的评价，较为准确地呈现了我国产业组织安全现状，为改善我国产业组织安全程度提供理论参考。

在本书出版之际，我要由衷感谢很多同行学者对本书撰写提出的宝贵意见。感谢中国产业安全研究中心的博士后同仁们为我提供研究思路，启迪研究触觉，拓宽研究视野。本书的出版不仅是我个人研究的成果，更是中国产业安全研究中心集体智慧的结晶。此刻的我，热切期待凝聚了这么多人心血和汗水的《产业组织安全论》能够赢得共鸣的声音。但囿于作者能力和时间，在撰写过程中难免出现错漏之处，希望广大读者和同行学者在阅读时，将发现的问题细大不捐地及时反馈于我，再版时将予以修订和补充。

李孟刚

2016 年 11 月

目　　录

第一章 产业组织安全导论

第一节 研究背景与意义

一、研究背景

随着经济全球化进程的加速，我国对外开放程度不断扩大，国民经济与世界经济的联系逐步加深。特别是外资的进入，对国内经济和产业产生了不可小觑的影响。截至 2014 年年底，全国新批设立外商投资企业 23 778 家，同比增长 4. 4%；实际使用外资金额 1 195. 6 亿美元，同比增长 1. 7%①。中国已经成为发展中国家中吸引 FDI 最多的国家，在世界上仅次于美国，位居第二位。

在当前开放的形势下，无论是进口产品还是直接投资，在短期内都会提高产业的市场绩效。但从长期来看，如果产业不具有国际竞争力，市场的开放可能会对产业组织产生一些不利的影响。因此，对于外商投资企业在中国市场上的行为是否合理，是否会危及战略产业的发展及产业组织安全，国内一直存在担心和争论。事实上，从外资角度看，外资可以凭借其技术、规模等垄断优势，通过兼并、收购和新建企业，挤压我国民族企业，挤占我国国内市场；另外，外资企业在许多方面优于我国民族企业，因此它对某些行业，甚至部分市场产生了垄断，我国产业组织安全面临一定程度的挑战。从国内产业组织现状来看，普遍存在产业集中度偏低、规模不经济，大型工业企业数量偏少且效率较为低下，技术研发投入不足，非价格竞争强度较小等问题。一方面是外资的强势进入，另一方面则是国内产业组织存在的种种问

① 商务部外资司．2014 年 1—12 月全国吸收外商直接投资情况［EB/OL］．［2015-01-23］．http：//www. mofcom. gov. cn/article/tongjiziliao/v/201501/2015 0100880913. shtml.

题，导致我国产业组织的国际竞争力低下。

产业组织理论是关于市场经济中垄断与竞争的理论，以此为基础的产业组织安全是指某一国家或地区的产业持续增长、产业内企业处于有效竞争的状态。因此，深入、系统、全面地研究产业组织安全，具有较强的现实意义。此外，从经济学角度来看，产业组织安全是产业安全的重要组成部分之一，是服务于产业安全及经济安全这一目标的。而产业安全已经成为当前研究的热点，得到各国的关注。因此，具体到产业组织安全的现实研究背景，又可以从国外对产业安全问题的关注和产业保护及开放经济条件下中国面临的产业安全问题两个方面反映出来。

（一）国外对产业安全问题的关注及产业保护

在经济全球化和区域经济一体化迅速发展的21世纪，产业安全已经成为世界各国面临的共同问题。因为经济全球化不仅通过贸易的全球化加剧全球产业的竞争，使传统民族产业面临国际市场的冲击；更为重要的是，它还通过生产的全球化和金融的全球化从根本上改变传统的国际分工格局，使各国内部分工模式、产业链及相应的产业生态环境发生革命性变化。一些国家在经济全球化的冲击下，不仅丧失了经济发展所依赖的正常产业链条和产业生态，还丧失了对关系国计民生的重要产业和核心技术的控制权。因此，产业安全已经成为制约各国经济发展的重要问题，引起了世界各国的广泛关注，即使在一贯主张对市场全面开放的发达国家，对本国关键产业的安全问题也十分重视。

案例与资料

美国采取多种措施维护其产业安全。如在贸易方面，美国有《公平贸易法案》、301条款、《反倾销法案》等多部法律来防止本国产业受到过度冲击。在防止因并购而产生的产业安全问题方面，也进行了分类管理：① 对于一般竞争性产业安全，利用《反托拉斯法》和《反垄断法》防止外国资本进行垄断性恶意收购；② 对于上市公司，一般采取《上市公司并购法》《证券投资管制条例》进行管理；③ 对于有关国计民生的产业或核心技术的产业，一般运用《国家安全法》进行产业安全审核；④ 对于一些有其他重大影响的行业，利用国会与相关部门的例外审核进行产业安全保护。

加拿大针对外资并购也采取了积极措施来维护本国的产业安全。1973年11月，针对外资引进中的突出问题，加拿大联邦议会制定并颁布了全球第一部《外国投资审查法》（FIRA）。加拿大外资立法大致可分为单一条款阶段、特别法阶段、强化维护产业安全理念阶段三个阶段。1985年6月，加拿大政府颁布实施了《加拿大投资法》（ICA），同时成立了加拿大投资局，以代替原来的《外国投资审查法》和外国投资审查局。自1994年起，《加拿大投资法》的制定、修改、审核及实施改由加拿大外交国际贸易部及工业部负责。2005年7月，针对中国五矿集团公司并购加拿大全球第三大锌矿、第九大铜矿生产商Noranda公司，加拿大政府出台了《加拿大投资法》修正法案（以下简称C-59），标志着加拿大以增加加拿大“净收益”，提升加拿大产业国际竞争力为宗旨的国家产业安全审查法律体系的建立。

日本、韩国等国家也纷纷效仿其他发达国家的产业保护政策，而且有过之而无不及。除了高筑关税壁垒之外，它们还广泛使用各种非关税壁垒来抵制国外商品、资本的入侵。

世界各国对经济全球化背景下的本国产业安全的高度重视及采取的一些有力维护措施，足以说明重视和研究产业安全问题意义重大。

（二）开放经济下的中国产业安全问题

产业安全问题是在经济全球化不断发展、经济开放程度不断提高的背景下产生的，从而开放经济下的产业安全问题就成为产业安全研究的核心。自我国加入WTO以来，我国对外开放程度不断扩大，国外产业和投资大量进入国内市场，国内产业越来越深地被置于国际分工体系之中，从而导致国内产业在国际分工中的得益、产业发展的自主权、政府对于产业的控制能力及重要产业的国际竞争力等问题日益凸显，开放经济下的产业安全问题就显得日益突出、急迫。从目前我国产业经济发展状况来看，开放经济下的产业安全问题主要包括外商直接投资、进出口贸易和国内因素等方面。

1. 外商直接投资的影响

随着我国对外开放程度的不断提高和开放范围的不断扩大，限制和禁止外商投资的领域在不断缩小，对外资企业的各种限制性规定也在不断取消，再加之各级政府对外商投资的各种优惠措施，进入我国的外资规模持续增长

（见表 1-1）。1984 年我国实际利用外资额只有 26.51 亿美元，2014 年实际使用外资额上升到 1 195.6 亿美元。从 1979 年到 2014 年，我国实际利用外资达到 17 228.21 亿美元①。尽管对于我国这样一个发展中大国来说，对外开放是融入世界经济、实现国家振兴的必由之路，但同时也必须看到跨国公司利用其在资本、技术、管理、营销和人才等方面的优势，通过独资、合资、并购②③等方式争夺我国的资源和市场，进而实现对本国某些重要产业的控制，导致我国内资企业对工业经济发展的控制力下降，因此可能会对我国的产业和经济安全构成威胁。

表 1-1 我国 1979—2014 年实际利用外商直接投资金额 单位：亿美元

年份	FDI	年份	FDI	年份	FDI	年份	FDI
1979—1983	77.42	1991	43.66	1999	403.19	2007	747.68
1984	26.51	1992	110.08	2000	407.15	2008	923.95
1985	19.56	1993	275.15	2001	468.78	2009	900.33
1986	22.44	1994	337.67	2002	527.43	2010	1 057.35
1987	23.14	1995	375.21	2003	535.05	2011	1 160.11
1988	31.94	1996	417.26	2004	606.3	2012	1 117.16
1989	33.92	1997	452.57	2005	603.25	2013	1 175.86
1990	34.87	1998	454.63	2006	630.21	2014	1 195.6

资料来源：《中国统计年鉴 2014》。

我国庞大的市场需求，相对低廉的能源、资源和人力成本，对于外商的各种优惠政策，再加上外商自身具有的资金、技术、管理等优势，使得有外商参与的领域，外资品牌大都占据优势。外商资本的优势在某种程度上限制了国内产业的自主发展和持续发展能力，给产业安全带来隐患。

① 根据 1979—2014 年历年实际利用外资金额加总得到。

② 2010 年全国共批准外资并购案 1 134 个，同比增长 31.4%，占全国新设外商投资企业数的 4.14%；实际使用外资 32.55 亿美元，同比增长 50.73%，占全国实际使用外资的 3.08%。随着在金融危机中锐减的全球跨国并购逐渐复苏，2010 年在中国发生的外资并购无论从项目数量还是从实际吸收外资金额来看，增幅都远远超过 2009 年的增幅（分别是 1.89% 和 3.8%），比重也比 2009 年分别增加 0.46 和 0.68 个百分点。并购案主要集中于东部地区，实际使用外资金额占全国外资并购金额的 72.97%。外资并购增幅较大，但比重仍然很小。

③ 外资并购增幅较大，但比重仍然很小［EB/OL］.［2011-08-22］. http://www.fdi.gov.cn/pub/FDI/tzdt/zt/ztmc/wz10hgy11zw/2010chinafdi/t20110519_133608.htm.

此外，资本逐利动机促使外资企业不断扩大规模，以提高市场占有率。20世纪90年代中期以来，跨国公司不断并购各行业中占主导或重要地位的大中型企业或技术水平较高、市场潜力较大的企业，就是为了加快抢占国内市场、提高产业集中度。对于某一特定市场而言，外资通过股权、技术、品牌等多种手段控制产业发展主导权，外资企业规模扩张必将对东道国企业产生挤压作用，甚至挤垮东道国产业，尤其是弱势产业和幼稚产业。工业，尤其是制造业，是外资投资和并购的重点。整体来看，2000年，外资控股企业销售总产值1.62万亿元，占规模以上所有工业销售总产值（去除部分敏感行业）的20.4%；2007年，外资控股企业销售产值总计达9.4万亿元，占所有工业行业销售产值（去除部分敏感行业）的24.5%，比2000年增加了4个百分点；从具体行业的外资市场控制情况看，外资控股企业市场占有率处于30%～50%的行业数量从79个增加到99个，外资控股企业市场占有率大于50%的行业数量从37个增加到43个；国际上一般把30%视为外资控股企业市场占有率的警戒线，在国家发改委和商务部公布的《外商投资产业指导目录（2007）》中限制或禁止外商直接投资的56个工业行业中，外资控股企业市场占有率在30%～40%的行业有4个："建筑工程用机械制造业""食用植物油加工""橡胶零件制造"和"信息化学品制造业"；外资控股企业市场占有率在40%～50%的行业有6个："合成橡胶制造""医疗诊断、监护和治疗设备""广播电视接收设备制造""电池制造""塑料加工专用设备制造"和"集装箱制造"；"碳酸饮料制造业"和"茶饮料及其他饮料制造业"两个行业的外资腔股企业市场占有率则超过了70%。而且外资控股企业在这些产业中大都是生产技术含量较高、附加值较高的产品，处于产业链的高端环节，不仅具有较高的市场占有率，还具有较高的技术、品牌控制力。

我国作为人口众多、市场潜力较大的发展中国家，国民经济基础较弱、经济行业门类齐全，短期内大量引进外资，发展外向型经济，可以加快我国的经济社会发展步伐，加速某些产业增长，加快实现现代化。但是，从长远看，过高的外资控股企业市场占有率和外资对于核心技术、产业资本和产品品牌的强大控制，将会影响我国相关产业的持续发展能力，威胁我国产业安全。

2. 进出口贸易的影响

随着全球贸易自由化的推进，我国进口关税水平在持续下降，进口配额及其他非关税措施也在逐步取消，国外产品的市场准入环境不断改善，进口不断增加（见表1-2）。跨国公司通过货物和服务贸易来抢占我国的国内市场，兼之以与贸易有关的投资活动，挤压我国国内产业的市场份额。我国一些产业的国际竞争力差，国外优质、廉价进口货物和服务对国内市场的巨大冲击将挤压国内产业的原有市场份额，从而对各类面向国内市场的产业构成产业安全方面的威胁。另外，在贸易自由化进程中，各国按照自己的比较优势参与到全球产业分工之中，这将会导致发达国家长期占有技术密集型、资金密集型产业的优势，生产技术含量高和附加值高的产品，而包括我国在内的发展中国家将被迫处于全球产业链的低端，长期依赖资源密集型和劳动密集型产业，生产高污染、高能耗、技术含量低和附加值低的产品，从而使发展中国家的产业结构调整和升级面临更多困难，尤其是高新技术产业和弱势产业。

表1-2　我国1979—2014年进口和出口贸易金额　单位：亿元

年份	出口总额	进口总额	年份	出口总额	进口总额
1979	211.7	242.9	1997	15 160.7	11 806.5
1980	271.2	298.8	1998	15 223.6	11 626.1
1981	367.6	367.7	1999	16 159.8	13 736.5
1982	413.8	357.5	2000	20 634.4	18 638.8
1983	438.3	421.8	2001	22 024.4	20 159.2
1984	580.5	620.5	2002	26 947.9	24 430.3
1985	808.9	1 257.8	2003	36 287.9	34 195.6
1986	1 082.1	1 498.3	2004	49 103.3	46 435.8
1987	1 470.0	1 614.2	2005	62 648.1	54 273.7
1988	1 766.7	2 055.1	2006	77 597.2	63 376.9
1989	1 956.0	2 199.9	2007	93 563.6	73 300.1
1990	2 985.8	2 574.3	2008	100 394.9	79 526.5
1991	3 827.1	3 398.7	2009	82 029.7	68 618.4
1992	4 676.3	4 443.3	2010	107 022.8	94 699.3
1993	5 284.8	5 986.2	2011	123 240.6	113 161.4
1994	10 421.8	9 960.1	2012	129 359.3	114 801.0
1995	12 451.8	11 048.1	2013	137 131.4	121 037.5
1996	12 576.4	11 557.4	2014	143 900.0	120 400.0

资料来源：本表1979年数据为外贸业务统计数，1980年及以后为海关进出口统计数。

从表 1-2 可以看出，我国出口增加迅速，规模巨大，2010 年超过美国，位列世界第一。与此同时，国外对我国出口产品采取的反倾销（见表 1-3）、反补贴、特殊保障措施、技术性贸易措施（technical barriers to trade，TBT）等也不断增加，对我国的出口贸易发展形成了威胁，进而影响到相关产业的安全程度。

表 1-3　1995—2011 年中国遭遇的反倾销及占世界比重

年份	世界反倾销调查数	中国遭受的反倾销调查数	占世界比重	世界最终实施反倾销措施数	中国被实施的反倾销措施数	占世界比重
1995	157	20	12.7%	119	26	21.8%
1996	226	43	19.0%	92	16	17.4%
1997	246	33	13.4%	127	33	26.0%
1998	266	28	10.5%	181	24	13.3%
1999	358	42	11.7%	190	21	11.1%
2000	298	44	14.8%	237	30	12.7%
2001	372	55	14.8%	171	32	18.7%
2002	315	51	16.2%	218	36	16.5%
2003	234	53	22.6%	224	41	18.3%
2004	220	49	22.3%	154	44	28.6%
2005	201	56	27.9%	138	42	30.4%
2006	204	72	35.3%	141	38	27.0%
2007	165	62	37.6%	108	48	44.4%
2008	213	76	35.7%	139	53	38.1%
2009	209	77	36.8%	141	56	39.7%
2010	171	43	25.1%	123	53	43.1%
2011	155	49	31.6%	98	37	37.8%
总计	4 010	853	21.3%	2 601	630	24.2%

资料来源：WTO（http：//www.wto.org）Anti-dump Initiations：By Exporting Country From：01/01/1995 To：31/12/2011；Anti-dump Measures：By Exporting Country From：01/01/1995 To：31/12/2011.

3. 国内因素的影响

目前，我国处于工业化、城镇化双加速的发展战略机遇期，国内储蓄率较高，外汇储备充裕，基础设施投资空间大，国内消费市场有增长潜力，产业经济发展面临的整体需求环境较好。随着体制改革不断深化，产业经济发展的融资环境也得到改善，直接融资和间接融资渠道较以前畅通。当前，我国人口素质不断提高，人力资本积累较快，而劳动力成本相对较低，产业经济发展的人才供应较充足；我国人口众多，人均收入水平增长较快，决定了国内消费市场规模大、需求增长快，再加上庞大的基础设施、公共服务投资需求，使我国在较长时期里还有很大的增长空间和发展潜力。这些较为有利的国内产业环境为我国产业经济发展和经济安全提供了较为有利的内部环境保障。

但是，开放经济下影响我国产业安全的内部因素也有很多。从企业层面讲，治理机制不健全、经理人激励与约束机制不对称、人才缺乏与人力资源错误配置、创新能力不佳等都会导致企业发展受阻，影响企业国际竞争力；从产业层面来讲，某些产业过度竞争造成资源浪费、规模经济难以形成，某些产业又竞争不足，垄断或准垄断企业过度攫取消费者剩余而创新动力和压力不足，影响竞争力提升；从政府规制层面讲，存在进入规制过多、对竞争性行业的规制不到位、对垄断性行业的保护不规范、法律法规不健全等诸多问题。我国社会主义市场经济发展时间较短，与市场经济和经济全球化发展相适应的体制机制问题较突出。同时，资源、能源、环境、技术创新能力的约束，产业基础和产业链发展环境这些因素都在一定程度上对我国某些产业的可持续发展和国际竞争力的提升提出了严峻挑战。

二、研究意义

（一）产业组织安全研究的理论意义

李孟刚根据产业经济学理论框架将产业安全分为产业组织安全、产业结构安全、产业布局安全和产业政策安全，一方面拓宽了产业安全的研究范围，开辟了产业安全研究的新领域；另一方面也对产业安全的研究领域和研究方向进行了明确界定。其中，产业组织安全作为产业安全的一个重要组成部分，对其进行研究意义重大。

首先，研究产业组织安全进一步丰富了产业安全理论体系。产业组织安全作为一个新概念，目前其理论研究分散于产业安全的研究当中，且学者们从不同角度对产业安全的概念、成因、维护措施、指标体系进行了分析，但尚未形成统一的认识及建立完整的理论体系。李孟刚首次提出产业组织安全概念，并对其影响因素、维护措施和中国产业组织安全现状进行了研究，但其研究只是服务于产业安全的研究，未对产业组织安全进行更深入、详细的探讨。因此，本书在李孟刚该研究成果的基础上对产业组织安全做更加详细的研究，将有利于丰富和完善产业安全的内容。

其次，研究产业组织安全进一步丰富了产业经济学理论。产业组织理论作为产业经济学的重要组成部分，研究产业组织安全进一步丰富了产业组织理论体系，间接地丰富和完善了产业经济学的研究内容。

（二）产业组织安全研究的实践意义

经济安全是国家安全的重要组成部分，是国家繁荣和发展的保障；而经济安全的关键在于保障产业安全，产业安全是经济安全和发展的基础，是国家制定产业政策、实行经济干预最基本的出发点。在世界经济一体化背景下，这一问题更是得到了前所未有的重视。产业组织安全作为产业安全的重要组成部分之一，是服务于产业安全及经济安全这一目标的。因此，研究产业组织安全问题不仅是对产业组织体系和产业安全理论体系的补充和完善，还可以为产业组织政策的制定提供一个明确的方向和评价标准，以利于提高我国产业组织的控制力和竞争力，降低对国外经济的依存度，提高我国产业组织安全性，为保证我国产业安全和经济安全提供坚实的基础。

我国已经确立了 21 世纪头 20 年全面建设小康社会的目标，到 2020 年，国内生产总值比 2000 年翻两番。要实现这一宏伟蓝图，必须保证经济健康、安全、快速的发展，这对产业安全理论、对产业组织安全理论的研究提出了更高的要求。只有产业发展的安全得到保障，产业发展的规模、水平对增强国家经济实力、提高国家经济影响力才能够得到充分的发挥与显现。特别是对于我国这样一个产业竞争力较弱，产业发展水平较低的发展中国家尤为关键。

由于我国经济建设正处在从计划经济向市场经济的转变及从粗放型增长向集约型增长的转变过程中，所以产业组织状况不甚理想，存在一些问题：① 一些行业企业规模仍然过小，集中度偏低；② 企业集团建立过程中还存在贪大求快现象，内部矛盾重重，缺乏合作基础和凝聚力，行政化倾向严重；③ 盲目多元化经营，风险过大；④ 过分强调低成本扩张，子、孙公司现象严重，管理链条过长，成本过大，效率下降。

同时，自 1993 年以来，外资技术的溢出效应在逐年减弱。类似地，外资对我国进行市场控制、行业内重要企业控制、技术控制、品牌控制和股权控制的案例不胜枚举。外资对我国关键行业或行业内重要企业的控制将削弱我国对产业发展的控制力，影响我国产业组织安全。

鉴于目前中国产业组织现状，研究产业组织安全为国家制定产业组织政策、提升我国产业组织竞争力和控制力，进而确保国家产业安全和经济安全提供理论支撑和评判标准，对我国具有尤其重要的现实意义。

第二节　产业组织安全研究的基础

一、产业组织理论

产业组织理论是运用微观经济学理论分析厂商和市场及其相互关系的一门学科，是研究企业结构与行为、市场结构与组织，以及市场与厂商相互作用和影响的一门新兴应用经济学分支。产业组织理论作为一门独立学科的形成是与新古典微观经济理论在解释垄断或不完全竞争问题上的失败分不开的，从实践领域看，有关产业组织的大量研究是伴随 20 世纪以来大型制造业公司的迅猛发展而出现的。

1. 产业组织理论的演变

（1）哈佛学派。哈佛学派的理论又被称为正统产业组织理论。经过 20 世纪 30—50 年代梅森和贝恩等人的努力，以哈佛大学为基地，以梅森、贝恩等人为代表人物的正统产业组织理论基本形成。正统产业组织理论的核心是建立在新古典经济理论基础上的 SCP（structure-conduct-performance，结构—行为—绩效）框架或 SCP 分析范式，即市场结构决定企业行为进而决定市场绩效。

（2）芝加哥学派。芝加哥学派继承了经济自由主义思想和社会达尔文主义，信奉自由市场经济中竞争机制的作用，相信市场力量或看不见的手的自我调节力量，认为市场竞争是市场力量自由发挥作用的过程，是一个优胜劣汰、适者生存的“生存检验”过程。芝加哥学派的基本主张是维护市场机制、鼓励竞争、反对政府干预等。与哈佛学派强调市场结构的分析不同，芝加哥学派更注重厂商行为的分析。

(3) 新奥地利学派。新奥地利学派有关竞争的观点与新古典经济理论有着显著的不同。新古典经济理论把竞争解释为现实的和潜在的垄断竞争，而新奥地利学派是以市场竞争为基本的分析前提，忽略了垄断问题，认为市场竞争是一个动态的过程，不能用传统的静态的方法来分析研究，同时坚决反对政府对市场竞争的任何管制与干预。

(4) 新制度学派从伯勒和米恩斯研究厂商内部产权制度的改变对厂商行为的影响，到加尔布雷斯提出抗衡力量对厂商行为作用的研究，不难看出，产业组织理论的新制度学派就其方法论而言，一脉相承地属于行为主义，即强调厂商行为的重要性。以往产业组织理论对厂商的价格决策提出了多种模型，但主要强调的是经验验证，很少进行制度研究。近年来随着制度经济学的流行和经济研究数量化趋势的发展，产业组织研究更注重在厂商治理与企业内部组织上寻找厂商数量多寡之间及在产业之间厂商数量多寡的差异导致的厂商行为和绩效的不同。

2. 产业组织理论研究的主要内容

1) 市场结构

所谓市场结构，是指厂商之间关系的表现形式，包括买方之间、卖方之间、买卖双方之间及市场内已有的买卖双方与正在进入或可能进入市场的买卖双方之间在交易、利益分配等方面存在的竞争关系，是现代产业组织理论，特别是 SCP 分析框架最基本的概念和研究对象。产业组织理论中的市场结构是用来描述在某一特定市场或产业中经营的厂商所面临的环境。这种环境可以通过买者和卖者的数量和规模分布、产品差异程度、厂商进入退出壁垒、纵向一体化或多样化经营的程度等来描述。

从根本上说，市场结构是反映市场竞争和垄断关系的概念。罗宾逊夫人在《不完全竞争经济学》中将市场结构分为完全竞争、完全垄断、寡头垄断、垄断竞争四种基本类型。其中，完全竞争和完全垄断是两种极端的结构，现实中的绝大多数市场是介于这二者之间的垄断竞争和寡头垄断两种类型。因此，产业组织理论研究的重点是垄断竞争和寡头垄断这两种市场结构下的市场行为、市场绩效及其相互关系和政府干预的政策建议。

2）市场行为

所谓市场行为，是指厂商在市场上为谋取更多利润和更高的市场份额而采取的战略性行为或行动，即厂商制定决策和实施决策的行为。厂商的市场行为主要集中在定价、广告和研究费用支出、产品质量及遏制竞争对手（包括潜在竞争对手）的策略上。通常可将企业的市场行为分为价格行为和非价格行为两大类。

3）市场绩效

所谓市场绩效，是指在一定的市场结构下，通过一定的厂商行为使某一产业在价格、产量、成本、利润、产品质量、品种及技术进步等方面达到的状态。研究市场绩效要回答厂商经营是否实现了资源配置效率、是否增加了社会总福利、是否避免了生产要素浪费获得了生产上的效率及能否满足消费者需求等问题。

产业组织理论主要以收益率、资源配置效率、规模结构效率、X-非效率、管理费用、自然资源的利用等几个方面直接或间接地描述或评价市场绩效状况。

二、产业安全理论

我国的产业安全研究贯穿于外贸和外资政策制定的各个历史阶段，但是产业安全问题真正成为理论和政策研究的重点，则是在外资大量进入的20世纪90年代，由外商直接投资产业比重迅速提高及对产业安全的影响日益扩大而引起的。由于国外也尚未形成系统的产业安全理论，同时国内的有关实践也刚刚展开，目前国内关于产业安全的研究多集中于对产业安全概念、产业安全分类、产业安全表现形式、产业安全影响因素及产业安全维护措施的定性研究；也有相关研究从定量分析角度提出产业安全的评价方法及指标体系，并对我国某些具体产业安全现状进行定量测算与分析。但总的来说，国内对产业安全的研究仍处于发展阶段，有关产业安全的理论也正在讨论、构建和形成之中。

（一）产业安全概念界定

目前，学术界对产业安全的概念是否有意义尚有许多争议。部分学者认为产业安全这个概念并没有什么意义。他们认为，在目前国际经济日益一体化的情况下，民族产业已是落伍的概念。现代产业你中有我，我中有你，只有全球产业而无民族产业。这种否定民族产业的观点，实际上否定了产业安全问题的存在。有的观点虽然没有完全否定民族产业的存在，但认为民族产业已经失去了具体的意义而只有抽象的价值。丁冬红（1996）认为，在当今全球经济一体化的情况下，最初意义上的以资本比例、产业、品牌划分产业的民族属性已经过时，今天讲民族工业，是指整个民族的整体工业能力和整体工业水平。

更多的观点认为，民族产业的概念在过去、现在和可预见的将来都有意义。程秀生（1996）认为："尽管当代民族经济的外在形态出现了变化，传统上的民族经济概念需要拓宽，但是蕴涵于企业权益背后的民族权益关系并没有改变。"因此民族产业的概念还是有意义的，产业安全问题是存在的。

主张民族产业概念有意义的观点虽然承认产业安全问题的存在及对产业安全问题关注的重要性，但目前关于产业安全的概念尚未形成统一的认识，对产业安全概念的界定多集中于以下几种观点。

1. 产业控制力说

持这种观点的学者较多，核心都是强调本国资本对本国产业的控制力。童志军（1997）和冯江红（1999）认为，国家产业安全问题最主要是由于外商直接投资产生的，在发达国家试图将落后国家和发展中国家变为自己附庸的同时，跨国公司也正忙于将这些国家中的经济或产业变成自己的产业附庸，通过合资、直接收购等方式控制国内企业，甚至控制某些重要产业，由此对这些国家经济构成威胁；王允贵（1997a）认为，产业安全是指本国资本对影响国计民生的国内重要经济部门掌握控制权。杨公仆等（2000）认为，产业安全主要指战略产业的安全，强调本国各个层次的经济利益主体在经济活动中的经济利益分配的充分性及政府产业政策在国民经济各行业中贯彻的彻底性。何维达和宋胜洲（2003）认为，产业安全是指在市场开放的条件下，一个国家影响国民经济全局的重要产业的生存发展及政府对这些产业的调整权或控制权受到威胁的状态。

2. 产业竞争力说

这种观点主要是从产业竞争力的角度来理解产业安全。夏兴园和王瑛（2001）认为产业安全是指一国产业在开放竞争中具有竞争力，能抵御和抗衡来自国内外不利因素的威胁，保持产业部门的均衡协调发展；许铭（2005a）认为，产业安全作为国家经济安全的重要组成部分，指的是在开放条件下，一国产业抵御外来干扰或威胁并不断获得持续发展的状态，产业安全在很大程度上体现了本国产业的主导地位与竞争力，是一国产业综合素质在不同发展阶段的集中反映。

3. 产业发展说

李连成和张玉波（2001）认为，产业安全应从动态、静态两个角度进行研究。产业安全一般是指一国拥有对涉及国家安全的产业和战略性产业的控制力及这些产业在国际比较意义上的发展力。控制力是对产业安全的静态描述，发展力是对产业安全的动态刻画，是产业安全的本质特征。

4. 可持续发展说

张立（2002）认为，产业安全是指一国在对外开放条件下，在国际竞争发展进程中，本国国民所控制的产业及本国居战略地位的重要产业具有持续生存和发展的能力，始终保持着本国资本对本国产业主体的控制；李孟刚（2006b）认为，产业安全是指特定行为主体自主产业的生存和发展不受威胁的状态。该定义包括三层含义：第一，安全的主体是特定行为体的自主产业；第二，产业安全包含产业生存安全和产业发展安全两个方面；第三，产业安全度，可以通过评价产业受威胁的程度加以反推。

5. 产业权益说

赵世洪（1998）认为，国民产业安全是指一国的国民产业在国际产业竞争中达到这样一种状态：该国国民在得到既有的或潜在的由对外开放带来的产业权益总量时所让渡的产业权益份额最小，或在让渡一定国民产业权益份额的条件下，其由对外开放引致的国民产业权益总量最大。产业安全，归根结底是要使以国民为主体的产业权益在国际竞争中得到保证并不受侵害。

6. 产业层次说

景玉琴（2004）认为，产业安全包含三个层次的含义：宏观层次的产业安全是指政府具有适当规制产业的能力，国内相关制度安排能够引致合理的市场结构及市场行为，产业结构合理及国内产业具有活力；中观层次的产业安全是指在开放竞争中本国的重要产业具有竞争力，绝大多数产业能够生存并持续发展；微观层次的产业安全是指本国国民所控制的企业达到生存规模，具有持续发展的能力及较大的产业影响力，在开放竞争中具有一定的优势。

（二）产业安全分类

关于产业安全的分类，目前学术界并无统一规范的标准和方法，而是基于各自论述需要，从不同角度对产业安全进行划分。

何维达和宋胜洲（2003）根据产业安全的要求标准，把产业安全区分为产业生存安全和产业发展安全，集中表达了产业安全概念的核心，反映了产业安全就是在生存基础条件下持续发展的产业安全观。

于新东（1999）基于产业安全的研究提出了产业不安全的命题并加以分类分析，将产业不安全分为产业缺失性不安全、产业滞后性不安全、产业脆弱性不安全和产业失控性不安全，回答了什么情况下产业不安全和属于哪种不安全的问题，从另一方面有力地反证了产业安全。

李连成和张玉波（2002）等学者将产业安全分为静态产业安全和动态产业安全，这种产业安全分类法强调不仅要从当前的国家民族利益观点来看产业安全，还要从综合观点、前瞻观点，动态地看产业安全问题。

李孟刚（2006b）根据产业经济学理论框架将产业安全分为产业组织安全、产业结构安全、产业布局安全和产业政策安全；根据三次产业分类标准将产业安全分为第一产业的产业安全、第二产业的产业安全和第三产业的产业安全；根据标准产业分类和国家标准产业分类，将产业安全具体细分为农林牧渔业的产业安全、制造业的产业安全、金融保险业的产业安全、建筑业的产业安全。根据各大类项下的小项进一步细分为林业产业安全、金融业产业安全、纺织产业安全等。

（三）产业安全和不安全的表现形式

关于产业安全的表现形式，大部分关注这个问题的学者都做了有益的分析。其中比较有代表性的，如纪宝成和刘元春（2006）认为，加入 WTO 和对外开放战略的进一步推行已经使我国面临产业安全问题的挑战。我国产业安全问题的严峻性主要表现在：① 从宏观整体开放水平来看，我国接近 60% 的贸易依存度，高达 10% 的 FDI 资本形成依存度，高达 25% 的外资产业资本存量依存度，不到 4% 的自主知识产权率，接近 40% 的基础能源依存度，高达 31% 的外资经济市场占有率及外资对核心产业的高控制率，这些决定了中国这个发展中的经济大国在未来必将面临十分严峻的产业安全问题；② 从产业竞争力角度来看，较低的劳动生产率增长速度、高额的能源投入及低水平的研究开发投入水平，必将使我国传统的产业比较优势和核心竞争力逐渐下降，通过贸易途径而产生的市场冲击和产业冲击将进一步恶化，自有品牌也将进一步大面积消失；③ 大规模的外资涌入对包括装备制造业、汽车制造业、商业流通行业在内的支柱产业形成了全面的资本和技术控制的格局，很可能引起我国对核心产业和相应的核心技术丧失控制力；④ 简单地遵循静态比较优势的出口导向型发展战略越来越使中国产业向"高资源性投入、低附加值产出"等产业转移，这会严重影响我国产业的创新能力和升级能力，继而影响我国产业生态的正常发展。

郑新立（2006）认为，现阶段我国产业安全面临的几个问题为：① 缺乏具有自主知识产权的技术和产品是我国产业安全面临的最突出的问题；② 能源、资源及环境对产业发展的制约不断加剧；③ 外资对国内某些行业的控制和垄断，将会严重制约国内企业的发展；④ 金融开放带来一些新的不安全因素。

王前超和课中明（2006）认为，外资进入中国正在对我国一些行业的安全和民族产业的长远发展构成值得警惕的威胁。具体表现在：① 外资并购行业龙头企业导致产业不断集中，原来的市场结构被打破，市场份额被跨国公司蚕食，有可能形成寡头垄断的态势，导致民族产业发展步履维艰；② 并购使跨国公司控制了关键技术和核心资产，给产业安全甚至国家经济安全带来隐患；③ 并购使我国企业多年建立起来的自主品牌流失，只能依赖别人的品牌贴牌生产，国际竞争力严重削弱。

白津夫（2006）则着重强调了并购对产业安全的威胁。他认为，外资在中国的并购行为从一般商业并购转向针对行业龙头企业的战略并购，有明显的产业垄断倾向，并着力消灭新的竞争点和提高控制力。

（四）产业安全形成原因

目前，国内学者从不同角度对我国产业安全形成的原因做了有益的探索。其中一些学者从外商直接投资角度分析我国产业安全问题的成因。张碧琼（1999）认为：国家产业安全问题最主要是由外商直接投资（FDI）产生的，指的是外商利用其资本、技术、管理、营销等方面的优势，通过合资或直接收购等方式控制国内企业，甚至控制某些重要产业，由此对国家经济安全构成威胁。祝年贵（2003）认为，外资主要是通过品牌控制、技术控制和市场控制影响我国产业安全。并指出外资对中国产业结构的其他一些负面影响，如外资导致产业结构失衡问题加剧及国家对产业的宏观调控能力下降。

赵广林（2000）从投资自由化和贸易自由化两个方面分析产业安全问题的成因，包括外资控制、进口商品冲击内资企业的国内市场份额等。张中山和李冬梅（2006）认为，一国产业安全主要受投资自由化、贸易自由化及国际竞争力三大因素影响。王学人和张立（2005）从制度非均衡的角度分析产业安全问题的形成原因，认为我国产业安全问题的主要根源在于制度非均衡。一方面，经济全球化、不同政治制度的磨合、计划体制的内在矛盾激化了我国产业发展的制度需求；另一方面，虽然我国自 1978 年开始启动新制度的供给工作，但受改革战略思路、旧制度的惯性势力等的阻挠，新制度供给推进比较艰难，从而形成了我国产业安全所需制度供需失衡的态势。

肖文韬和万君康（2000）从国家经济安全的角度分析产业安全产生的原因。他认为，产业安全作为国家经济安全的基本内容之一，究其产生的原因，是因为任何国家的经济都包含一定的产业并形成各时期的产业结构。一国融入经济全球化的进程中，其产业和产业结构必定受全球化进程的影响而面临威胁。产业结构不良和低下必然导致产业处于不安全状态，从而导致国家经济处于不安全状态。

（五）产业安全影响因素

何维达和宋胜洲（2003）把影响产业安全的因素归纳为：外部因素、内部因素和政策因素。外部因素指全球经济一体化及来自国外的资本、技术和产品等因素。这些因素又通过资本输出和跨国公司战略来实现。内部因素包括产业国内生存环境和竞争环境两类。产业国内生存环境包括金融环境、生产要素环境和市场需求环境三个方面。竞争环境主要指过度竞争问题，衡量过度竞争的指标主要有两个：市场集中度和行业规模。

景玉琴（2006b）从直接投资领域、国际贸易领域和本国制度环境三个方面分析影响产业安全的因素。在直接投资领域，外国资本实施产业控制；在国际贸易领域，外国商品实施低价倾销；本国制度环境指市场与政府的关系尚未理顺。本国制度环境又包括资源配置扭曲、价格扭曲和政府功能扭曲。她还认为，不适当的政府规制已经成为影响产业安全最重要的内部因素：设租性规制的租金耗散影响产业安全；法制不完善与规制真空制约产业安全；行政不作为与行政权力滥用危害产业安全。

李孟刚（2006b）以产业经济学的理论框架为基础，将影响产业安全的因素分为产业组织因素、产业结构因素、产业布局因素和产业政策因素。影响产业安全的组织因素主要有市场集中度、行业规模的经济特性、东道国政府的行政性壁垒及跨国公司的策略性行为。影响产业安全的结构因素主要包括资源供给结构和社会需求结构、国际贸易、外商直接投资及国际产业转移。影响产业安全的布局因素主要包括国内外政治环境及市场环境的变化、政府政策指向、科学技术发展等。影响产业安全的政策因素主要有政府对产业发展的决策能力、制定产业政策所需信息的及时性和充分性、产业政策决策机制的有效性、产业预警体系的完善性。

（六）产业安全评价体系

顾海兵（1997）认为，产业安全主要由以下指标来衡量：三资企业外方总资产占全国企业总资产的比重；各大行业、细分行业的三资企业外方资产比重；三资企业各类产品总额占全国同类产业总额的比重；外方专利许可量占全国专利许可量的比重。

于新东（2000）提出了衡量产业安全与否的三大标准：创始权、调整权和发展权，认为，一国对某一产业的创始、调整和发展，如果拥有相应的自主权或者控制权，即可认定该产业在该国是安全的。从动态角度看，发展权是最关键、最重要的。对产业安全的评价一定要做到全面的考虑，一方面，要从三权结合的角度进行综合判断，缺一不可；另一方面，要从历史、现状和未来有机联系中去具体地把握，不能割裂时间的连续性。

何维达和宋胜洲（2003）构建了一套比较全面的产业安全指标体系，并运用综合评价模型对汽车、机械、电信、金融等若干重要行业的产业安全度进行估算。产业安全指标体系包括四大类指标，共 23 个小指标。四类指标包括：产业发展环境指标、产业国际竞争力指标、产业对外依存度指标和产业控制力指标。

杨柳勇（2002）针对外商直接投资，提出了监测产业风险的指标体系，由核心指标和辅助指标组成。乔颖、彭纪生和孙文祥（2005）根据FDI对东道国产业风险形成机理及可导致的后果，设定了一个产业风险监测指标体系。李泳和王爱玲（2006）为了对我国重点行业产业安全进行评价，从综合表现、影响因素、政府规制、内资实力和机遇修正指标五个方面确定了一整套评价指标体系。李冬梅（2007）根据系统性、相关性、可测性和可控性原则，构建了多层次结构的产业安全评价指标体系。

景玉琴（2006b）建立的产业安全评价指标体系具有以下几个特点：第一，鉴于政府规制对产业安全的重要影响，增加了衡量政府规制绩效的指标，即政府绩效评估指标和政府为产业提供的软环境指标；第二，在产业竞争力评价方面，增加了衡量国际竞争力的指标，即显性比较优势指数和国内资源成本指数；第三，指标体系没有使用产业进口对外依存度、产业出口对外依存度、产业资本对外依存度和产业技术对外依存度这四个反映产业国际化程度的指标。

李孟刚（2006b）构建的产业安全指标体系包括四大类指标，共33个小指标。四类指标包括：产业国内环境评价指标、产业国际竞争力评价指标、产业对外依存度评价指标和产业控制力评价指标。

（七）产业安全维护措施

许多学者都针对目前我国存在的产业安全问题提出了维护措施。纪宝成和刘元春（2006）认为，要正确认识和处理中国产业安全问题必须处理好以下几个方面的问题：① 必须从国家利益的战略高度来认识产业安全的重要性，从“新型市场失灵”的高度来治理产业安全；② 正确认识FDI、市场结构与产业安全之间的关系，走出“FDI无害论”的认识误区，加强对外资并购的监管；③ 正确处理企业利益、地方政府利益与全局利益，国家需要从“纯公共品”的高度来统筹处理产业安全问题；④ 正确处理好立法管理和行政管理之间的关系，加强配套法律体系的建设，以避免我国产业安全管理的短视性、任意性和无序发展的情况；⑤ 治理产业安全必须“内外结合”“软硬兼顾”。所谓“内外结合”，是指我国在关心产业安全问题时不仅要注重进口问题、资本引进问题，还必须注重出口问题和资本输出问题。所谓“软硬兼施”，是指我国在关注产业安全问题时，不仅要关注实业领域的产业安全，更重要的是要关注虚拟经济的安全；⑥ 正确处理开放、发展与产业安全的辩证关系，在避免极端自由主义的同时，要防止新闭关锁国倾向。

王前超和课中明（2006）认为，我国应该采取以下措施维护我国的产业安全：① 适度调整招商引资策略，注重外资质量，引导外资流向农业和第三产业；② 借鉴国外经验，通过完善法律法规来规范和引导跨国公司的并购行为，同时严格按照国家政策和程序推进企业改制，防范跨国并购带来的风险；③ 注重品牌建设，提高自主创新能力，做大做强行业龙头企业；④ 统一内、外资企业待遇，放宽对我国民营企业的准入限制，加快培养能与跨国公司相抗衡、具有较强国际竞争力的大型控股集团公司；⑤ 科学理智地把握“以市场换技术”的方针政策，正确处理开放与“共赢”的关系。

朱建中（2006）从政府作为的角度提出了一些建议。他认为，中国传统产业遭受全方位围攻，先进技术遭到全面的封锁，资源型产业依赖国际市场，跨国公司垄断技术和市场，精英人才大量流失是目前中国产业安全存在的问题。而政府规制在保障产业安全中具有不可替代的作用。政府必须加强法律规制建设，强化产业政策导向，严格市场准入制度，完善政府采购政策，健全产业预警机制。

王俊（2006）提出了应当建立适当集中的市场结构，以稳定和进一步提升市场占有率为核心提高产业控制力，以优化零售业人力资源、技术资源为核心提高产业竞争力。

马有才和陈爱萍（2006）的分析切入点是倾销问题。他们认为反倾销与反倾销联动策略的实现途径包括：① 加强产业安全方面的宣传；② 健全产业安全预警机制，充分发挥预警机制的作用；③ 充分发挥行业协会的产业安全阀功能；④ 建立产业联席会议制度；⑤ 提高我国产业的国际竞争力。

蓝海涛（2006）则认为，我国必须积极防范国外对我国发起反补贴行动，具体可以采取以下措施：① 清理可能带来麻烦的不太显露的出口补贴；② 规范、调整、限定并合理利用可诉补贴；③ 建立重点产品进出口影响的跟踪评估机制；④ 不断完善、用足用好不可诉补贴；⑤ 政府协助企业和协会增强防范意识及对外应诉的自我保护能力。还应当尽早准备并适时发起反补贴行动：① 大力支持并协助进口敏感性行业协会做好反补贴的信息收集工作；② 各级政府要加强重点行业协会和企业的反补贴技能培训；③ 政府、协会和企业联手发起反补贴行动。

郑国伟（2006）的建议是针对国内龙头企业的。他认为龙头企业应该坚守一条底线，即利用外资（不论是金融资本还是产业资本）必须坚持中方控股，坚持自主权，掌握供销权，保持自己的品牌，防止市场被外方垄断。这个原则不可动摇。只有这样，才可保证我国对产业发展的主导权，保护产业安全和经济安全，我国装备制造业的振兴才有希望。建议我国应尽快建立外资并购内资企业风险防范机制，一方面要加紧完善和制定《反不正当竞争法》和《反垄断法》等相关法律；另一方面要建立适合我国国情的外资并购行为的评价体系和标准。

许铭（2005b）通过对韩国的分析得出一些经验启示：①“强政府”对促进产业发展和维护产业安全具有重要作用；②通过独特的融资方式为产业发展提供持续性保障；③重视高新科技发展从而为推动产业结构升级提供后劲；④产业发展过多依赖国际举债成为影响产业安全的重要隐患；⑤对外依存度过高致使产业发展缺乏稳定性；⑥“道德风险”严重削弱了产业安全的信用基础。

景玉琴（2005）认为：①国家拥有独立主权，能够在本国产业受到侵害时采取相应的反侵害措施是极为重要的；②要充分肯定保护关税等产业保护方式对经济处于弱势地位的国家的作用；③逐步提高出口产品的科技含量和附加值是增强产业竞争力的重要途径；④维护产业安全的根本途径是保护民族经济的发展能力。

杨旭（2006）从法律实务的角度提出了一些建议。他认为我国已进入对外开放新时期，在引进外资发展国内经济的同时，也应该充分注意维护国家经济安全，积极应对外资并购所带来的威胁经济安全的问题。首先，中国应当建立以《反垄断法》和《并购管理》为主体的相关法律法规体系，规范跨国公司的并购活动。在促进公平竞争、防止市场垄断的基础上积极有效地管理外资并购，既尽量遵守国际规则，又充分维护国家安全利益。其次，中国应借鉴西方发达国家的做法，设立类似美国的外国投资委员会的专门的国家机构如国家经济安全咨询委员会，对涉及“国家经济安全”的外资并购、投资进行审查。最后，由于中国正处于经济社会大规模转型时期，经济风险日益凸显。为了有效评估、防范和化解中国在利用外资并购方面的风险，有关机构有必要定期对中国在外资并购方面的风险进行研究，随时就可能影响中国经济产业安全的外资并购进行管理、规范。

贾洪涛（2006）提出了我国政府和企业的应对策略。① 确立明晰的产业发展战略。进一步明确战略性产业，整体规划产业发展和企业改革，对于战略性产业和重要企业，外资进入的方式和深度要有明确的界定；对于涉及战略性产业和重要企业的并购重组，必须坚持国家战略利益至上的原则，在服从战略利益的前提下考虑企业的商业利益，避免以牺牲战略利益、长远利益为代价去换取眼前利益。② 积极推进互利共赢的开放战略。当前，在推进产业结构升级、加快国有企业改革重组过程中，更要处理好开放与共赢的关系，既要努力扩大开放，积极引进外资，加快结构调整和重组改革，不断提升我国产业的规模和水平；又要在开放中保持自主和理性，要树立合作共赢的意识，在对外合作中保持自主、发展自我。③ 积极稳妥地推进外资并购发展。正确把握当前国际资本流动的趋势和特点，积极稳妥地推进外资并购发展，既要进一步创造有利于外资并购投资的环境，努力使并购投资成为我国吸引外资新的增长点，也要加强对外资并购的引导，规范其发展。④ 创建多部门联合并购审查机制。制定相关的可操作的反垄断和外资并购法律体系，成立专门的并购审查机构。重大并购重组活动，要经过专项评估和论证。对于战略性产业和具有战略意义的重要企业，在实施并购重组过程中，必须通过专项审议。建立国家经济安全预警机制，防范潜在风险。⑤ 加快有实力的企业集团做大做强的步伐。支持战略产业中优势企业联合重组，形成集中优势，以攻为守，主动出击。

孙瑞华（2006）从提升产业竞争力的角度提出了一些看法和建议。他认为，提升产业国际竞争力是以新的发展观做好维护产业安全工作的战略举措，这关系到我国能否处理好外贸发展速度与结构、质量与效益的关系，实现全面、协调和可持续发展，关系到我国能否成功应对加入 WTO 后过渡期的复杂形势，从根本上解决当前贸易摩擦和各种贸易壁垒的影响。由于影响产业国际竞争力和产业安全的因素十分复杂，因此，提升产业竞争力以维护我国产业安全的基本对策思路应当是：最大限度地利用一切有利于提升我国产业国际竞争力的国际因素，充分调动一切有利于提升我国产业国际竞争力的国内因素，主动适应国际贸易形势和国际市场要求，积极发挥产业政策的作用，以提高企业核心竞争力为基点，以科技创新为动力，以产业结构优化和产品结构升级为基本路径，同时积极运用我国作为 WTO 成员的各项权利，依法维护国内产业的合法权益。

（八）具体行业产业安全研究

在设立产业安全评价指标体系的基础上，一些学者对中国某些具体行业做了实证研究。如何维达和何昌（2002）对中国的农业、工业和服务业三大产业分别进行了实证分析；王燕梅（2004）对我国制造业对外开放的新状况和未来趋势及制造业的对外开放对国家经济安全的影响进行了研究；高秀艳和蒋存虎（2007）与付保宗（2009）对我国装备制造业的安全问题进行了分析并提出了相应的对策建议；赵惟（2005）对电信业、赵丽佳和冯中朝（2008）对油料和植物油产业、国家发展和改革委员会宏观经济研究院课题组（2009）对我国电子信息产业等行业的产业安全进行了研究；李泳和王爱玲（2006）对中国电子及通信设备、纺织、钢铁、汽车、化工、医药制造等六个重点行业进行了测度和分析；刘满凤（2004）、郭海涛（2005）和李冬梅（2007）对我国汽车工业产业安全进行了研究；何维达、张远德和吴玉萍（2007），赵书博和胡江云（2009）对中国传统优势产业纺织业产业安全进行了分析；王俊（2006），王丽、王苏生和黄建宏（2008），姜红和曾锵（2009）对零售业产业安全进行了分析；何维达、潘玉库和吴玉萍（2009）通过构建石化产业安全评价指标体系对我国石化产业安全形势进行了定量研究；徐洁香和邢孝兵（2005），宁学敏（2009）对中国农业产业安全度进行了估算；张金鑫、徐淼和谢纪刚（2010）就外资并购对我国医药产业安全的影响进行了实证研究，得出外资并购确实引起我国医药业产业安全的恶化，具体体现在医药业的创新能力、竞争力和控制力均有所下降。

产业组织安全是李孟刚（2006b）提出来的一个新概念，关于产业组织安全的研究还很少，目前能找到的文献中只有李孟刚（2006b，2008b）对产业组织安全的定义、影响因素、维护措施及中国产业组织安全现状做了较为详细的研究。但实际上，通过对产业安全的研究进行梳理，可以发现，以往关于产业安全的概念界定、分类、表现形式、成因和影响因素、指标体系及维护措施等研究大部分适用于产业组织安全问题。因此，本研究借鉴以往关于产业组织和产业安全的相关研究成果进一步完善和丰富产业组织安全研究。

第三节 本书的主要内容

本书共分六章，结构安排及主要内容如下。

一、产业组织安全导论

第一章为全书的导论，主要阐述本书的研究背景与研究意义，并从产业安全理论和产业组织理论两个方面对产业组织安全的已有研究成果进行了梳理。从总体上介绍本书的章节构成和逻辑框架。

二、产业组织安全理论体系

第二章为全书的理论基础。本章阐述了产业组织安全的基本理论，主要包括：产业组织安全的界定与基本特征，产业组织、产业安全与产业组织安全的关系辨析，产业组织安全理论体系及产业组织安全理论模型。

三、产业组织安全的影响机理

第三章分析了影响产业组织安全的内、外部因素的影响机理。其中，内部因素主要包括市场集中度、行业规模的经济性、东道国政府的行政性壁垒，并分析了中国的国内因素；外部因素主要包括外商直接投资、外国的“两反两保”、外国商品在本国的倾销、国际金融、信用评级和国际政治。

四、产业组织安全评价

第四章构建了产业组织安全评价体系。为了尽可能全面地对产业组织安全进行合理评价，本章首先在产业安全评价指标体系的基础上确立了产业组织安全指标体系，其次介绍了产业组织安全的评价步骤，最后建立了基于SCP 理论分析框架对产业组织安全进行评价。

五、产业组织安全维护的国际借鉴

第五章首先阐述了产业组织安全的一般性维护措施，其次在总结美国、日本和韩国三个国家产业组织安全维护做法的基础上对其进行总结和对比，分析其对我国产业安全维护的启示，最后介绍了我国维护产业安全的实践及一些成功案例。

六、中国产业组织安全问题实证研究

第六章是对我国产业组织安全的实证研究。本章从产业国际竞争力、产业对外依存度及产业外资控制力这三个角度出发，对我国产业组织安全相关指标进行定量分析和测算，以全面认识我国产业组织安全现状。

第四节　研究方法

一、定量研究与定性研究相结合

经济问题研究中既有定量研究法，又有定性研究法。定量研究法是对经济现象的数量特征、数量关系与数量变化进行分析的方法；定性研究方法则主要依靠预测人员的丰富实践经验及主观的判断和分析能力，推断出事物的性质和发展趋势。本书采用定量研究与定性研究相结合的方法，其中，定量研究法中用到的数据主要来源于各种统计年鉴，如《中国统计年鉴》《中国科技统计年鉴》《中国工业企业数据库》等，其他一些指标难以量化或难以取得所需要的数据，则进行定性分析。

二、比较研究法

比较研究是确定对象间异同的一种思维方法，即根据一定的标准，对某种事物的客观现象在不同情况下的不同表现，进行比较分析，从而找出客观事物的普遍规律及其特殊性本质，力求得出符合客观实际结论的方法。比较研究法的工作实施包括描述、解释、并列、比较四个步骤。本研究的比较包括三个方面：一是与经验数据的比较；二是对同一产业的同一指标进行时间序列数据的纵向比较；三是对同一产业同一时期的同一指标在国际上进行横向比较。

三、案例研究法

案例研究如同其他研究方法一样，是遵循一定的程序、步骤，对某一经

验性实证性课题进行研究的方法。案例研究包括单案例研究和多案例研究。一般认为，从多个案例中推导出的结论更有说服力，多案例研究更经得起推敲。不过，多案例研究遵从的是复制法则，不同于调查统计中的抽样法则。相应地，案例研究的归纳方法是分析性归纳，不是统计性归纳，因为研究所选取的个案并不是“样本”。有些指标难以获得统计数据，如外资品牌控制，则采用案例研究法对产业的品牌外资控制情况进行研究。此外在分析产业组织安全内外部影响因素时也用到了大量的案例研究，以对论点进行印证。

第五节 研究创新

产业组织理论研究兴起于20世纪，现已形成各个学派，研究已经较为成熟；产业安全问题则发迹于国家经济安全问题，也是在20世纪，美国和日本等国对国家经济安全问题越来越重视，而国内对产业安全的关注始于对引进外资效应的评价，也引起了众多学者的关注。本书以产业组织理论和产业安全理论作为理论基础，研究产业组织安全，可以说是产业组织安全理论研究的新起点，促进了产业组织和产业安全等相关理论的融合与发展，又为实现产业组织合理化、形成良好产业组织提供理论参考。具体来说，表现在以下两点。

一、完善了产业组织安全理论体系内容

产业组织安全作为产业安全重要的经济学分支，深刻地影响着产业安全。本书从系统的观点出发，本着整体性和动态性原则，从理论基础出发，确立了产业组织安全的概念内涵、影响因素和评价方法，并提出产业组织安全的维护措施，构建了产业组织安全研究基本框架。

二、首次对我国的产业组织安全进行了实证分析和评价

本书在系统研究产业组织理论后，将研究对象聚焦于我国的产业组织安全。具体来说，本书在构建产业组织安全评价指标体系的基础上，运用这些评价指标和相关数据，对我国产业组织安全进行了较为全面的评价，较为准确地呈现了我国产业组织安全现状，为改善我国产业组织安全程度提供理论参考。

第二章 产业组织安全理论体系

第一节　产业组织安全的界定

产业组织是指社会化生产条件下，企业之间市场关系的总和，包括市场结构、市场行为和市场绩效。[①] 产业组织安全是指某一国家或地区的产业持续增长、产业内企业处于有效竞争的状态，这里的有效竞争是指建立在一定企业数量和企业规模基础上的竞争，可以引致企业活力和规模经济的双重效率。在开放经济中，产业组织安全也指一国或地区的产业组织有助于优化资源配置、有效抵御国外经济侵袭及提升产业国际竞争力等。

安全的产业组织必然会使生产要素不断由附加值低的劳动密集型产业向附加值高的资本、技术密集型产业流动。一方面，新的企业能源不断地进入市场，使企业感到有很强的竞争压力，从而具备努力降低生产成本和交易费用，不断改进产品和工艺过程、开发新技术、提高产品竞争力的动力；另一方面，企业充分利用规模经济，使一国企业和产业在国际竞争中具有规模竞争优势，在国际分工中处于优势地位。

与此相对应的是产业组织的非安全态势。当一国或地区产业内企业之间的市场关系失衡，民族产业缺乏竞争力甚至被外资所控制，此时，可以说产业组织处于非安全的运行态势。

第二节　产业组织、产业安全与产业组织安全的关系辨析

马歇尔在《经济学原理》中将组织列为一种能够强化知识作用的新的

---

① 陈明森，2004. 产业升级外向推动与利用外资战略调整［M］. 北京：科学出版社：148.

生产要素，其内容包括企业内部组织、同一产业中各种企业间的组织、不同产业间的组织形态及政府组织等。产业组织指的便是产业内企业间的市场关系和组织形态。这一概念包括两层含义。第一，产业内企业间的市场关系，是指同类企业间的垄断、竞争关系。它表现为产业内企业间垄断与竞争不同程度结合的四类市场结构，即完全竞争型、完全垄断型、垄断竞争型和寡占垄断型等市场结构。它反映了产业内不同企业的市场支配力差异、市场地位差异和市场效果差异。第二，产业内企业间的组织形态，是指同类企业相互联结的组织形态，如企业集团、分包制、企业系列等。这些不同的产业组织形态既根源于企业间技术关联的专业化协作程度，又取决于产业内企业间垄断与竞争的不同结合形态。在本书中，提到“产业组织”的概念侧重于第一层含义，即产业内企业间的市场关系，包括交易关系、行为关系、资源占用关系和利益关系等。

产业安全是指特定行为体自主产业的生存和发展不受威胁的状态。该定义包含三层含义。第一，安全的主体是特定行为体的自主产业。在国际关系中，民族国家是最主要的行为体，产业安全也通常指代民族产业安全。第二，产业安全包含生存安全和发展安全两个方面。产业生存安全可以定义为产业的市场或市场份额、利润率水平及产业资本的三个循环中的任何一个循环都不受威胁的状态；产业发展安全可以定义为产业价值或市场份额的提高、产业技术创新及产业的赶超不受威胁的状态。第三，产业安全度可以通过评价产业受威胁的程度加以反推。

如前所述，产业组织安全是指某一国家或地区的产业持续增长、产业内企业处于有效竞争的状态。在开放经济条件下，随着外国资本的流入及关税等贸易壁垒的逐步降低，一般的国内企业都面临着更为激烈的国际竞争，这将会对许多产业的产业组织造成巨大冲击。因此，产业组织安全也指某一国家或地区的产业组织有助于优化资源配置、有效抵御国外经济侵袭及提升产业的国际竞争力等。

在研究产业组织安全之前，有必要对产业组织、产业安全和产业组织安全三者的关系进行简要辨析。

（1）产业组织理论和产业安全理论是界定产业组织安全概念的基础。产业组织安全的概念是以产业组织为出发点，结合产业安全相关理论来进行界定的。

（2）产业安全与产业组织安全是包含与被包含的关系。根据产业经济学基础理论，将产业安全分为产业组织安全、产业结构安全、产业布局安全与产业政策安全。从这个角度来看，产业组织安全可以视为基于产业经济学基础的产业安全框架的一个分支。

（3）产业组织安全与产业安全侧重点不同。产业组织安全侧重于产业内部组织的正确性和有效性，产业安全则以整个国民经济中的重要产业为研究对象，考虑其生存和发展是否受到威胁。

第三节　制约产业组织安全的因素

在产业经济学理论中，过度竞争和垄断都不是理想的市场结构，二者是对资源最优配置的偏离。随着一国市场对外开放程度的提高，垄断的市场结构将随着外国企业的进入而逐步被打破，而过度竞争问题则可能由于外国企业的大量进入愈演愈烈。如果一个国家的企业失去了对合理竞争格局的控制力和影响力，过度竞争必然影响到产业结构的合理调整，进而影响到产业安全。

一、市场集中度

市场集中度是反映市场控制力的一个重要指标。本国企业的市场集中度越高，对本国市场的控制力越强，产业就越安全。对于那些经济结构完整、部门比较齐全的国家，跨国公司进入之时一般都会降低企业的市场集中度，尤其是技术水平与国外产品相当、具有一定国际竞争力的轻纺工业、部分重化工业、加工工业和家电工业等产业。另外，对于非贸易品行业，由于其产品能就地生产和消费，无须进行转移，跨国公司进入时如果采取全新的投资方式，也会降低该国企业的市场集中度，如电信业、银行业和保险业。

我们以跨国公司进入对东道国企业市场集中度的影响为例。从理论和逻辑的角度来看，跨国公司进入并站稳脚跟之后，可能导致东道国企业市场集中度的提高。但是，具体结果还取决于一系列因素。第一，跨国公司在当地的规模及持续增长的能力和在东道国市场上的其他竞争者的数量和规模。第二，东道国本国的企业对跨国公司进入的反应。第三，跨国公司进入时带来的新产品在初期会形成垄断，但是长期的结果取决于是否有更多的跨国公司进入或贸易品的进入，以及本国企业的技术开发能力和模仿学习能力。第四，跨国公司相对于本国企业的市场绩效及其对当地企业长期的生存竞争能力的影响。

二、行业规模的经济性

行业规模对产业安全也有一定影响。行业规模决定进入壁垒，进入壁垒高会形成先入者的垄断，它排斥其他跨国公司的进入，也阻止其他本国公司的进入，而最终可以形成外国公司控制该产业的局面。从各国情况看，进入壁垒会同时随着跨国公司的进入而提高。就拿与成本有关的进入壁垒来说，跨国公司可以凭借其庞大的自有资本优势和广泛的融资渠道在一国进行大规模的投资，提高行业的平均必要资本规模。而潜在的进入者要想达到与在位企业相同的成本，其资本必要规模至少要达到在位者的规模。与跨国公司进入之前相比，这无疑提高了国外企业进入该国市场的门槛。另外，跨国公司进入该国市场之后提高了该国市场的产品差别化壁垒。产品差别化壁垒的存在使潜在进入者进入这已由多种品牌占据的特定空间，并找到能获利的需求空间难度非常大，多品牌相互交织地对特定空间的占有使进入者的渗透成本很高。此外，跨国公司的进入还会提高研发、广告上的进入壁垒。跨国公司研发的成果可以低成本地复制并在跨国公司内部具有公共产品的性质，在国外子公司中可以共享，因而在研发上具有规模经济的特点。跨国公司不仅本来在研发实力上强于国内企业，而且进入该国市场时可以利用研发和广告上的规模经济在该国市场上构筑进入壁垒。在相同条件下，潜在进入者要有更高的研发和广告支出，具有沉淀成本的性质，因而可以在策略性进入壁垒中发挥承诺的作用，有利于跨国公司在该国构造策略性进入壁垒。

在此，还有一个问题值得说明，一国或一家跨国公司的产业规模优势明显并不必定导致一国产业不安全。如 1998 年，中国电子工业销售总额相当于 IBM 公司的 45.76%，最大电子企业联想集团 1998 年销售总额只相当于 IBM 公司的 2.6%，于是有人得出中国电子产业安全将受到严重挑战的结论。笔者认为未必如此，这是因为，首先，跨国公司在各国的投资是分散的，因而，其竞争力也是分散的，不可能将全部的力量用于与某一个东道国进行竞争；其次，在同一地域或国境范围内，规模更大的企业具有“产业进攻”优势，但规模相对较小的企业由于其他原因在境内却有产业防御或自我保护优势；最后，规模更大的企业与规模较小的企业相比，并不一定比规模较小的企业在本国具有更强的生存能力。事实上，以小博大在国际市场竞争中是常有的事。①

三、东道国政府的行政性壁垒

为了保护本国民族工业和国家经济安全，东道国政府往往要对外国资本的进入设置一些政策性的壁垒，如审批政策、产业禁入政策、金融外汇管制政策及技术政策等。在不同国家的不同时期，这种政策壁垒的高度是不同的。随着经济全球化和 WTO 原则的普遍实施，世界各国对于外资进入的政策壁垒不断下降，产业组织的安全也随之受到影响。按照美国 1974 年的 201 条款，如果国内行业受到进口增多而造成的实质性损害或威胁就可以要求国际贸易委员会（International Trade Commission，ITC）实施补救性措施。ITC 负责确认进口增多是否造成了损害。如果委员会得出了肯定性的结论，就会向总统推荐实施紧急性的补救措施。201 条款不同于反倾销和反补贴法的地方在于，它不要求调查出口国是否进行了不公平的贸易活动，而是对国内行业是否受到损害做深入的调查，要求损害必须是实质性的，而且进口增多是导致损害的实质性原因。此外，东道国政府制定反垄断法或反托拉斯法、价格管制、控制垄断程度等，也会起到维护该国产业组织安全的作用。

四、跨国公司的策略性行为

为了阻止新的跨国公司和国内企业进入，先行的跨国公司往往采取种种策略性行为，垄断稀缺要素资源和经营网络等，提高市场进入成本，增加新企业参与竞争的难度，通过市场垄断赚取更多的利润。

跨国公司的策略性行为主要有：横向限制行为、纵向限制行为、优势企业的滥用市场势力行为等。横向限制行为，系指相互竞争的寡头企业，通过会议、契约等多种形式，就市场价格与市场划分达成默契。其主要表现形式

---

① 何维达，宋胜洲，2003．开放市场下的产业安全与政府规制．南昌：江西人民出版社：83.

是卡特尔，卡特尔限制竞争的效果是明显的，它直接削弱了同类产品在市场中的价格竞争。一方面，消费者不得不接受较高的市场价格；另一方面，部分低效率的生产者受到价格同盟保护，市场的资源配置功能被扭曲。纵向限制行为，主要包括纵向价格限制与纵向非价格限制。纵向价格限制系指上游生产厂商对下游销售厂商的转售价格做出相应规定，如限制其最低价格，或维持转售价格不变。在生产领域的市场集中度很高的情况下，优势生产商要求下游销售企业以固定价格销售其产品，在一定程度上削弱了竞争。因而，在西方国家，纵向价格限制一般会受到反垄断政策的严厉惩罚。美国通常视纵向价格限制为“本身违法”行为。纵向非价格限制通常是指上游生产厂商对销售商的经营地域、经营产品范围以合同的形式施加某种限制，典型的纵向非价格限制行为有地域专卖、排他性经营等。

优势企业滥用市场势力行为，主要指掠夺性定价等策略行为。在我国，跨国公司的掠夺性定价行为更有其独特之处：第一，跨国公司通过内部转移定价，降低上游研发成果及其他投入品的划拨价格，从而使得其产品价格低于实际平均可变成本，借以排挤竞争对手，实现其策略目标；第二，尽管其子公司当前在东道国市场份额较小，似乎不符合掠夺性定价发生的“双层检验”标准，但由于跨国公司的母公司在整个世界市场占有很高份额，资本实力庞大，考虑到东道国巨大的市场潜力及先动优势，为实现其在该国占领市场的战略目标，运用掠夺性定价或其他引致退出的策略行为是理性的，也是可能的。据了解，一些大型跨国公司往往不以短期内获利为目的，采取“零毛利”甚至亏损策略，以图迅速占领市场。

第四节　产业组织安全的理论模型

为了更加直观地分析和评价产业组织安全，本节尝试构建产业组织安全的理论模型和评价模型。因为，产业组织安全与各影响因素之间为非线性关系，为简化起见，设产业组织安全满足以下函数关系，见式（2-1）和式（2-2）。

$$S = \alpha X_1^{\beta_1} X_2^{\beta_2} \cdots X_m^{\beta_m} \nu \tag{2-1}$$

$$\text{即 } S = \alpha \left(\prod_{i=1}^{m} X_i^{\beta_m} \right) \nu \tag{2-2}$$

式中：S——产业组织安全度；

X_i——各一级影响因素指标；

α——一级指标的系数；

β_i——各一级指标的指数，且 $\sum_{i=1}^{m}\beta_i = 1$；

ν——扰动项。

同时，X_i满足式（2-3）所示的关系。

$$X_i = \prod_{j=1}^{n_i} x_{ij}^{\ a_{ij}} \tag{2-3}$$

式中：x_{ij}——二级指标；

a_{ij}——二级指标的指数，且 $\sum_{j=1}^{n_i} a_{ij} = 1$。

首先，将式（2-1）两端取对数，可以得到式（2-4）。

$$\log S = \log \alpha + \beta_1 \log X_1 + \beta_2 \log X_2 + \cdots + \beta_m \log X_m + \log \nu \tag{2-4}$$

将式（2-3）代入式（2-4），可以得到式（2-5）。

$$\begin{aligned}
\log S &= \log \alpha + \beta_1 \log \prod_{j=1}^{n_1} x_{1j}^{\ a_{1j}} + \beta_2 \log \prod_{j=1}^{n_2} x_{2j}^{\ a_{2j}} + \cdots + \beta_m \log \prod_{j=1}^{n_m} x_{mj}^{\ a_{mj}} + \log \nu \\
&= \log \alpha + \beta_1 \sum_{j=1}^{n_1} a_{1j} \log x_{1j} + \beta_2 \sum_{j=1}^{n_2} a_{2j} \log x_{2j} + \cdots + \beta_m \sum_{j=1}^{n_m} a_{mj} \log x_{mj} + \log \nu \\
&= \log \alpha + \beta_1 (a_{11} \cdots a_{1n_1}) \begin{pmatrix} \log x_{11} \\ \vdots \\ \log x_{1n_1} \end{pmatrix} + \beta_2 (a_{21} \cdots a_{2n_2}) \begin{pmatrix} \log x_{21} \\ \vdots \\ \log x_{2n_2} \end{pmatrix} + \cdots + \\
&\quad \beta_m (a_{m1} \cdots a_{mn_m}) \begin{pmatrix} \log {}_{m1} \\ \vdots \\ \log x_{mn_m} \end{pmatrix} + \log \nu
\end{aligned} \tag{2-5}$$

其中，$\sum_{i=1}^{m}\beta_i = 1$，$\sum_{j=1}^{n_i} a_{ij} = 1$。

依据上述原理，还可以将指标进一步分为三级、四级乃至更为细化的指标，以矩阵的形式表述出来。

如果假设产业组织安全指标体系包括市场结构、市场行为和市场绩效影响因素三大模块，则相应的产业安全理论模型可以构建如下：

$$S = \alpha O^{\beta} S_t^{\gamma} P^{\theta} \nu \text{ , } \beta + \gamma + \theta = 1 \tag{2-6}$$

式中：S——产业组织安全度；

O——市场结构因素；

S_t——市场行为因素；

P——市场绩效因素；

α——一级指标的系数；

β——市场结构因素的指数；

γ——市场行为因素的指数；

θ——市场绩效因素的指数；

ν——扰动项。

该方法中的系数或指数就是权重。这里的权重一般是主观给定的，当然，在具体赋权的过程中可以采取专家打分法、问卷法等帮助减少误差，但总体来讲，权重的给定仍然是基于一种主观判断。通常，我们按重要性程度对指标赋予相应的权重。

该方法的整个过程体现了系统工程决策思维的基本特征，即分解、判断与综合，易学易用，而且定性与定量相结合，是一种较为有效的系统分析方法，所以应用也非常广泛。所用模型以层次分析法为基础，建立了一个多层次的递阶结构，按目标的不同和实现功能的差异将系统分为几个等级层次。与层次分析法不同的是，该方法在计算各级指标的安全度时，对同一层次的指标安全度不是采用加权平均，而是把每个指标的安全度相乘。我们知道，每多一个指标就等同于乘以一个衰减因子，因此当同一层次指标较多时，得出的安全度有可能较低，与实际情况差别较大。

第三章 产业组织安全的影响机理

第一节 市场集中度因素

市场集中度是衡量市场结构的主要指标，不同的市场集中度反映了企业间垄断与竞争的差异程度。它是反映市场控制力的一个指标。在没有市场准入限制下（无论是外资还是内资），存在有效的国际竞争的条件下，一国民族企业的市场集中度越高，该国企业对该国市场的控制力越强，产业就越安全。

从理论和逻辑的角度来看，跨国公司进入并站稳脚跟之后，可能导致东道国市场集中度的提高。但是，具体结果还取决于一系列因素。

第一，跨国公司在当地的规模、持续增长的能力和在东道国市场其他竞争者的规模。在我国一些技术水平与国外产品相当、有国际竞争力的轻纺工业、部分化工工业、加工工业和家电工业，跨国公司刚进入时一般会降低市场集中度；另外，对于银行业、电信业和保险业等非贸易品行业由于产品能就地生产和消费，跨国公司在进入时如果采取全新投资的方式，也会降低东道国的市场集中度（黄建军，2001）。

第二，东道国本地的企业对跨国公司进入的反应。东道国的企业可能追求一种防御性的战略，比如合并业务或与跨国公司进行合资以加强它们的竞争力，或者干脆退出这个行业，当然也可能采取积极的进攻战略，扩大生产能力，大力进行广告宣传。如果跨国公司通过企业并购的方式导致跨国公司子公司销售增加，则市场集中度提高，若并购后规模与原被收购企业相等，则市场集中度不变；若本地企业退出该行业，则市场集中度会相应提高；如果本地企业采取扩大产能等的进攻策略，则外资进入直接导致生产商数量增加，若没有垄断和竞争挤出效应，本地生产商的市场集中度会下降。

第三，跨国公司进入时所带来的新产品在初期会形成垄断，但是长期的结果取决于是否有更多的跨国公司进入或贸易品的进入，以及当地企业的技术开发能力和模仿学习的能力。若日后有更多实力相当或者更强的跨国公司进入该行业，或者当地企业通过提高自身的技术开发能力，以及通过模仿学习生产出与跨国公司水平相当的产品，这样自然会影响到跨国公司在该行业的垄断地位。因此，从长期来看，跨国公司的进入并不一定能提高东道国的市场集中度。

第四，取决于跨国公司相对于当地企业的市场绩效，以及对当地企业长期的生存竞争能力的影响。有大量的证据显示，国外子公司比本地的公司有更高的效率和更强的生产能力，可能收购东道国的当地厂商，从而对市场集中度和市场控制力产生影响。同时，通过竞争的正溢出效应也可能改善本地企业的市场效率，经过一段时间之后，国外子公司竞争优势可能丧失，本地企业可能增加市场份额。在我国，一旦一个跨国公司进入之后由于我国市场（潜力）巨大，其他的跨国公司也会跟随进入。因此，只要我国政府没有赋予跨国公司独占权，单一的跨国公司不可能长期控制我国的某一产业市场。但是，也不能忽视跨国公司对我国市场集中度进而对我国产业组织安全的影响。

我国零售业的市场集中度

我国零售业已进入向外资全面开放的后 WTO 时代。事实上，20 世纪 90 年代初以来，外资零售业就通过合资、联营等各种方式对我国的零售业市场进行了试探、摸底。如今，摆脱了政策羁绊的外资零售巨头更是挟资金、技术、管理等各方面的优势在我国零售市场开始了全方位的竞争。强大的外资零售企业的进入在一定程度上提高了我国的零售业市场集中度，从而提高了零售业的产业组织安全程度，但这对我国本土零售企业却并非好事。

1. 我国零售业市场集中度的现状分析

市场集中程度一般是用产业中最大的四个企业所占市场份额的累计数占整个产业市场的比例（CRn）来表示。CRn 以该行业内销售额最大的前 4 家或前 8 家企业的年销售额之和占总行业销售总额的比例来计算，即 CRn=行业前 n 位销售额/行业销售总额（n=4 或 8）。根据贝恩的市场结构分类法，如果行业的集中度 CR4≤30% 或者 CR8≤40%，即属于竞争性行业；如果 CR4>30% 或者 CR8>40%，则该行业为寡头性行业；65%～75% 为极高寡头垄断性行业。对于零售业而言，CRn 通常以全国连锁零售业内年度销售额最大的前 4 家或前 8 家企业的年销售额之和占该年度全国社会消费品零售总额的比例来计算，即：CRn = 连锁百强前 n 位销售额/社会消费品零售总额（n=4 或 8）。

2000—2006 年我国连锁零售业的 CR4 和 CR8 逐年有所提高，CR4 值从 2000 年的 0.76% 上升至 2006 年的 3.44%；CR8 值从 2000 年的 1.24% 上升至 2006 年的 4.82%，但是都处于相对低下的水平，离 CR4>30% 或者 CR8>40% 相距甚远。由此可见，我国连锁零售业仍然处于一个市场集中度极其低下的状态。

2. 我国零售业市场集中度低下的原因分析

（1）市场容量急剧增长。市场容量缩小或不变会促进集中度的提高，反过来，市场容量扩大却会降低市场集中度。近年来，我国的大多数商品在总体上已形成买方市场格局，同时，由于我国多年来 GDP 的高速增长，我国城乡居民的收入水平和消费水平都大幅度提高。对零售企业来说，随着市场容量的扩大，社会消费品零售总额将会以较快的速度提高，虽然大型零售企业的销售额增长迅速，但在整个市场所占份额的提高却比较缓慢。

（2）我国零售企业规模较小。在某个特定产业的市场容量不变的情况下，少数企业的规模越大，市场的集中度就越高。改革开放以来，虽然我国的零售企业向大型化方向有了长足发展，但往往都是具有一定竞争力的区域性企业，全国性的大型零售企业屈指可数。与发达国家相比，我国零售企业的经营组织规模仍然较小。美国零售业在 20 世纪 50 年代末到 80 年代中后期，其零售业市场集中度 CR4 的平均水平在 16% 以上，远远超过我国零售业近几年的市场集中度。另外，根据对美国 2003 年的零售业市场集中度的计算，2003 年美国零售业市场集中度 CR4 和 CR8 分别为 10.70% 和 14.60%，分别是同期我国零售业市场集中度的 7.18 倍和 5.91 倍。我国零售业市场集中度与发达国家相比有着较大的差距，处于较低的水平（李颖灏和王建明，2006）。由此可见，尽管我国大型零售企业的个数有所增加，且规模有一定的扩大，但从总体上看规模仍然较小，使零售业市场集中度保持在较低的水平。

（3）零售企业经营缺乏特色，经营管理水平低下，且技术含量低。如果企业经营没有特色，经营管理水平较低，那么规模越大，管理成本越高，效益不会上升反而下降。许多连锁零售企业一味地追求规模，忽略了自身建设，而且千篇一律，缺乏企业经营特色和品牌意识，造成了不同的零售企业在布局、功能及其所经营商品的种类、价格上颇为雷同。此外，与国外先进的零售企业相比，我国零售企业的技术含量低，导致企业各方面供应不能与企业发展同步。这些因素在一定程度上制约了企业的发展和行业集中度的提升。

资料来源：胡春燕，2006. FDI与我国零售业市场集中效应分析［J］. 商业时代（12）：30-31.

第二节 行业规模的经济性因素

由于专业化效应、学习效应、原材料的经济性以及价格谈判的强势地位等的存在，行业规模经济能够使特定产业的单位成本处于最低水平。同时，行业规模决定进入壁垒①②，进入壁垒高会形成先行者的垄断，若跨国公司作为先行者进入一国，则排斥其他跨国公司的进入，也阻止本国公司的进入。如果最终形成外国公司控制该产业的局面，那么产业组织的安全性将大大降低。

---

① 进入壁垒是非完全竞争市场结构存在的根本条件，是影响市场结构、市场绩效的重要因素。在产业组织理论的发展过程中，基于不同的理论主张和分析方法，相继形成了三个主要的理论学派：结构主义学派、效率学派和新产业组织学派。各个学派在进入壁垒的含义上存在着不同的认识，因此形成了不同的观点。结构主义学派代表人物贝恩认为，进入壁垒是潜在竞争的前提，而潜在竞争会比现实竞争威胁性更强。贝恩对进入壁垒的定义是“和潜在进入者相比，市场中现有企业所享有的优势。这些优势是通过现有企业可以持久地维持高于竞争水平的价格而没有导致新企业的进入反映出来的”。效率学派代表人物斯蒂格勒在研究企业规模的决定因素时，对进入壁垒做了这样的定义：“进入壁垒是一种生产成本（在某些或某个产出水平上），这种成本是打算进入一个行业的新企业必须负担而在位企业无须负担的。”20世纪70年代以后出现的新产业组织理论以分析企业策略性行为为主旨，在进入壁垒理论的研究上，新产业组织理论将市场结构看作由市场内生决定，分析在位企业为减少未来的竞争采取主动行为而影响市场结构和设置人为的壁垒以阻止进入。通过以上分析可以看出，贝恩从在位企业的角度出发，认为进入壁垒是在位企业拥有的相对于潜在进入企业的成本优势；斯蒂格勒从新进入企业的角度出发，把进入壁垒定位在新企业承担的高于在位企业的成本这一意义上；新产业组织理论的策略性进入壁垒理论则强调了在位企业的主动性，利用在位优势实施策略性行为阻止进入。

② 侯贤明，穆瑞田，2007. 产业组织理论中的进入壁垒理论［J］. 河北理工大学学报（社会科学版）（5）：53-57.

从各国情况看，进入壁垒会同时随着跨国公司的进入而提高。就与成本有关的进入壁垒来说，跨国公司可以凭借其庞大的自有资本优势和多条融资渠道在一国进行大规模的投资，提高行业的平均必要资本规模，对于潜在的进入者要想达到与在位企业相同的成本，其资本与规模至少要达到在位企业的规模。与跨国公司进入之前相比，这无疑提高了国外企业进入该国市场的门槛。

另外，跨国公司进入该国市场之后提高了该国市场的产品差别化壁垒。产品差别化壁垒的存在，使潜在进入者要想在已有多种品牌占据的特定空间找到能获利的需求空间难度非常大，多品牌相互交织对特定空间的占有使进入者的渗透成本很高。此外，跨国公司的进入还会提高研发、广告上的进入壁垒。跨国公司研发的成果可以低成本地复制和在跨国公司内部具有公共产品的性质，在国外子公司中可以共享，因而在研发上具有规模经济的特点。跨国公司不仅原本在研发实力上强于国内企业，而且进入该国市场时可以利用研发和广告上的规模经济在该国市场上构筑进入壁垒，在相同条件下，潜在进入者要有更高的研发和广告支出才能在市场上站稳脚跟。而且研发和广告的支出具有沉淀成本的性质，因而可以在策略性进入壁垒[①②]中发挥承诺的作用，有利于跨国公司在该国构造策略性进入壁垒。

在此，还有一个问题值得提出，即一国或一家跨国公司的产业规模优势是否就一定会导致东道国产业不安全呢？例如，有人认为，1998 年我国电子工业销售总额相当于 IBM 公司的 45. 76%，其中，最大电子企业联想集团 1998 年销售总额只相当于 IBM 公司的 2. 6%。于是就得出我国该产业安全将受到严重挑战的结论。事实上，这一结论并不见得正确。因为跨国公司在各国的投资是分散的，其竞争力也是分散的，不可能将全部力量用于与某一东道国进行竞争。并且，在同一地域或国境范围内，规模更大的企业具有“产业进攻”优势，但规模相对较小的企业由于其他原因在境内却有产业防御或自我保护优势。最后，规模更大的企业与规模较小的企业相比，只说明更具有走出国境的优势。但并不一定比规模较小的企业在本国具有更强的生存能力。事实上，以小博大在国际市场竞争中是常有的事（黄建军，2001）。

---

① 策略性进入壁垒产生于在位厂商的从行为，特别是在位者可以采取行动提高结构性壁垒，或者扬言一旦进入就采取报复行动。

② 臧旭恒，2007. 产业经济学［M］. 4 版. 北京：经济科学出版社：106.

第三节 东道国政府的行政性壁垒因素

为了保护本国民族工业和国家经济的安全，东道国政府往往要对外国资本和企业的进入设置一些政策性的壁垒，如审批政策、产业进入政策、管制政策及技术政策等。随着经济全球化进程的加快和 WTO 原则的普遍实施，很多国家的外资进入政策趋于宽松，相关政策壁垒不断下降，东道国产业组织安全不可避免地受到一定影响。

根据产业组织理论，各产业各有其适宜的市场结构，所谓“适宜”，是指既可避免过度竞争又可防止垄断操纵。在市场经济的条件下，发展规模经济一般是市场竞争的结果，而企业市场力量通常会导致资源配置无效和垄断租金产生，因此，反垄断成为政府公共政策的主要内容。从国内外的实践来看，反垄断反对和禁止的并不是企业规模的大小，而是其行为是否符合公平竞争的原则，是否有利于资源优化配置和国民经济的有效运行。特别是随着经济全球化和 WTO 原则的普遍实施，世界各国对于外资的进入政策壁垒在不断下降（见表 3-1），产业组织的安全也随之受到影响。

表 3-1 1991—2011 年世界各国 FDI 规制的变化

年份	1991	1992	1993	1994	1995	1996	1997	1998	1999	2000	2001
投资制度变化国家数	35	43	56	49	63	66	76	60	65	70	71
规制变化数	82	77	100	110	112	114	150	145	139	150	207
其中：有利于 FDI	80	77	99	108	106	98	134	136	130	147	193
不利于 FDI	2	0	1	2	6	16	16	9	9	3	14
年份	2002	2003	2004	2005	2006	2007	2008	2009	2010	2011	
投资制度变化国家数	72	82	103	92	91	58	54	50	57	54	
规制变化数	246	242	270	203	177	98	106	102	112	67	
其中：有利于 FDI	234	218	234	162	142	74	83	71	75	52	
不利于 FDI	12	24	36	41	35	24	23	31	36	15	

资料来源：1991 年的数据来自 world investment report（WIR）2001，1992—2009 年的数据来自 world investment report（WIR）2010，2010—2011 年的数据来自 world investment report（WIR）2012。

此外，东道国政府设置的一些反垄断法或者反托拉斯法、价格管制、控制垄断等，也会起到维护国家产业组织安全的作用（李孟刚，2008b）。

自 1998 年至 2008 年各国政府均以反垄断法为裁定依据，针对美国微软公司对各国 PC（personal computer）行业安全产生的影响进行不同程度的制裁，进而维护本国 PC 产业的安全。

微软反垄断案

1. 加州政府起诉微软滥用垄断地位

美国加州多个城市政府起诉微软公司滥用垄断地位。2004 年 8 月 27 日包括旧金山和洛杉矶在内的美国加利福尼亚州多个城市政府联合对微软公司提出起诉，控告其滥用在个人电脑操作系统领域的垄断地位，对商品制定不合理的价格。

原告律师之一丹尼斯·埃尔雷拉说："这是妨碍正常竞争的掠夺行为，损害了消费者和纳税人的正当利益。我们必须通过法律途径，寻找合适的解决办法。"微软发言人斯泰茜·德拉克表示，公司方面尚未就此案进行彻底研究。但她同时强调："我们珍惜与各城市之间的关系，一直以十分有竞争力的价格向顾客提供出色的软件。"

2. 欧盟反垄断案微软落败

2004 年 12 月 22 日，欧洲法院勒令微软立即执行欧盟委员会于 3 月份做出的反垄断处罚，改变其商业操作模式，剥离视窗操作系统中捆绑的媒体播放器软件，向竞争对手开放一些软件的源代码。

2004 年 3 月，微软拒绝剥离视窗（Windows）操作系统中的媒体播放器（Media Player）软件，双方长达 5 年的谈判破裂，欧盟委员会做出裁决，微软滥用其视窗操作系统市场垄断地位，与竞争对手进行不公平竞争，伤害了消费者和竞争对手的利益，因此对微软处以创纪录的 4.97 亿欧元（合 6.65 亿美元）罚金，并命令其改变业务方式。

微软对欧盟的处罚表示不服，随即向设在卢森堡的欧洲法院提出上诉，以"如果执行处罚会造成严重和无法弥补的损失"为由，要求暂缓执行欧盟委员会的处罚决定，直到关于欧盟制裁的完全上诉审理完毕。

然而欧盟第二高等法院初审法院在长达 91 页的宣判书中表示，微软未能提供足够的证据，证明执行欧盟的处罚会造成不可弥补的损失，因此驳回微软的请求。

一位曾代表业界同微软进行反垄断谈判的律师高度赞扬法官的裁决，说“这是消费者的胜利”。

微软表现出了积极的合作态度，表示将遵守欧盟初审法院的最新裁决，于 2005 年 1 月按照欧盟要求推出未捆绑媒体播放器的新版视窗操作系统。微软还表示将开设一个特别网站，向竞争对手公开部分秘密代码，以便他们的产品能够更好地与视窗系统兼容。

为了解决麻烦，微软从来不吝惜钱，在欧盟之前，它已经斥巨资摆平了数起反垄断诉讼。微软更在乎的是能否保护自己的商业模式——捆绑销售，这也是微软的成功关键。微软先是付清了创纪录的 4.97 亿欧元罚款，然后努力争取同欧盟展开新一轮的反垄断谈判。但欧盟官员对重启谈判并不感兴趣，表示法庭的裁决证明了对微软制裁的有效性。

除了要求暂缓执行处罚措施，微软另外还就推翻欧盟在 2004 年 3 月做出的整个决定提出了完全上诉，这可能需要 18 个月的时间。如果微软上诉成功，那将迫使欧盟不得不进入新的谈判程序。否则，欧盟裁决很可能在微软的其他反垄断官司中成为法律先例。

3. 微软在日本遭反垄断指控

2004 年 12 月 22 日，日本公平贸易委员会（Japan Fair Trade Commissioner, JFTC）调查人员周一与微软律师会面，JFTC 借此机会进一步阐明了对微软在日本许可销售行为的态度。2004 年 7 月，JFTC 指控微软与日本 PC 销售商的部分许可协议违反了日本反垄断法，微软涉嫌迫使 PC 销售商接受一些强制性条款，要求它们保证不将微软诉上法庭。而事实上微软技术与一些日本公司开发的技术极其相像。

JFTC 第一特别调查组组长 Toshihiro Hara 周二在邮件采访中表示，在 15 分钟的接触中微软代表要求 JFTC 阐明立场，以做好反驳的准备。周一的短暂接触之前，10 月 25 日双方举行第一次会面，JFTC 列举了种种指控。双方

2月4日第二次会面，JFTC出具了书面指控报告。微软不服以上指控，称2月份的新许可协议已去除了争议条款。然而，微软在已有的协议条款中仍然保留了争议条款。据JFTC表示，双方争议的最终解决估计需要两到三年时间。Hara说，“JFTC调查者的立场基本没有什么变化。”

4. 微软被韩国门户网站Daum指称涉嫌垄断市场

韩国最大门户网站Daum 2004年4月12日称，已控告美国微软及其韩国子公司涉嫌在即时通信软件业务上有不公平的商业行为。Daum在声明中指出，“微软利用其市场主导地位，将其即时通信软件Instant Messenger与WinXP操作系统搭售，而这对Daum已造成相当的伤害……微软利用其在个人电脑操作系统的主导地位，将竞争对手排除在即时通信市场之外。”自身拥有通信服务的Daum称，已向首尔地方法院提出100亿韩元（874万美元）的损害赔偿。

1）韩国检查机构扩大对微软的反垄断调查

2004年11月，微软在媒体播放领域的竞争对手Real Networks在韩国指控微软在其Windows操作系统中捆绑Media Player和Media Server软件的行为违反了公平竞争的原则，韩国公平贸易委员会表示将针对微软的行为是否违反韩国的贸易法规开展范围更为广泛的调查。

Real Networks的副董事长David Steward称，Real Networks此举的目的是“恢复正常的市场秩序，为韩国消费者提供更多的选择”。微软韩国的发言人Kwon Chan表示，微软将仔细研究Real Networks的诉状，并准备以合作的态度和方式来配合韩国的调查机构妥善地解决这一问题。

早在Real Networks在韩国就反垄断事宜起诉微软之前，韩国当地一家从事互联网门户业务的公司Daum Communication Corp就已经指控微软在Windows中捆绑即时通信软件的行为违反了韩国的贸易法规，韩国公平贸易委员会已经介入此事并展开调查活动。

2）韩国裁定微软涉嫌利用垄断进行不正当竞争

2004年12月7日，倍受关注的韩国政府对微软的反垄断调查终于尘埃落定，韩国公平贸易委员会（KFTC）今天宣布最终调查结果，判定微软在韩国的商业行为违反了公平贸易法及相关法规，对其课以3 200万美元的罚款。

KFTC 要求微软在 180 天内针对韩国市场推出两个版本的 Windows，其中一个必须剔除 Windows Media Player 和即时聊天软件，另一个版本的 Windows 可捆绑前述软件，但必须提供下载竞争对手相关软件的网页链接。KFTC 的判决有效期为 10 年，第一个 5 年过后，微软每年可以申请针对市场环境的变化，对该判决进行复核。

KFTC 对微软的调查源于 2001 年韩国门户网站 Daum 对微软提起的反垄断诉讼，2004 年，Real Networks 公司也针对 Windows 捆绑 Media Player 的行为提起了类似诉讼，KFTC 趁此扩大了调查范围。2007 年 10 月，微软与 Real Networks 在美国达成和解协议，同意向后者支付 7.61 亿美元了结反垄断官司，Real Networks 随后表示，将撤回在韩国和欧洲向微软提起的反垄断诉讼。11 月，微软又付出 3 000 万美元与 Daum 达成了和解。但是微软"破财"却没有达到"消灾"目的，KFTC 坚称对微软的调查不会受上述和解协议的影响。

此次韩国的判决对微软而言可谓雪上加霜，2008 年 3 月，欧盟判定微软在 Windows 中捆绑 Media Player 的做法违反了反垄断法，对其开出了 4.97 亿欧元的罚单，并勒令微软与竞争对手共享部分源代码，以及推出剔除 Media Player 的 Windows。

资料来源：百度百科，2010. 微软反垄断案［EB/OL］. http：//baike.baidu.com/view/1098203.htm.

《反垄断法》在我国还属于全新的法律，我国的反垄断法自 2008 年 8 月 1 日起开始施行，宗旨是为了预防和制止垄断行为，保护市场公平竞争，提高经济运行效率，维护消费者利益和社会公共利益，促进社会主义市场经济健康发展。可口可乐公司收购汇源果汁案，在经历了商务部近 200 天马拉松式的反垄断审查后以一纸否决告终。这桩中国商业史上规模最大的外资收购案从开始就引发国内外舆论与市场的广泛关注，围绕否决此收购案的利弊影响，社会各界众说纷纭。认真分析案件的深层意义，对今后更好地维护产业安全、促进行业健康发展具有积极的启示作用。

可口可乐并购汇源案

1. 可口可乐收购汇源案例回顾

2008 年 9 月 3 日，可口可乐公司宣布将以每股现金作价 12.2 港元、总计 179.2 亿港元（约为汇源果汁资产的 3 倍代价）收购汇源果汁股本中全部已发行股份及全部未行使可换股债券，并取得汇源控股、达能及 Gourmet Grace 三个股东（近 66% 的股份）签署的接受要约不可撤销承诺。9 月 18 日，商务部收到可口可乐公司收购中国汇源公司的经营者集中反垄断申报材料，11 月 20 日予以立案审查，12 月 20 日决定在初步审查基础上实施进一步审查。2009 年 3 月 18 日商务部发布公告，经审查认定此项集中将对竞争产生不利影响。集中完成后可口可乐公司可能利用其在碳酸软饮料市场的支配地位，搭售、捆绑销售果汁饮料，或者设定其他排他性的交易条件，集中限制果汁饮料市场竞争，导致消费者被迫接受更高价格、更少种类的产品；同时，由于既有品牌对市场进入的限制作用，潜在竞争难以消除该等限制竞争效果；此外，集中还挤压了国内中小型果汁企业生存空间，给中国果汁饮料市场竞争格局造成不良影响。这是中国首次根据《反垄断法》第二十八条和第二十九条做出的禁购裁决，是 2008 年 8 月 1 日《反垄断法》实施以来，商务部收到的 40 起经营者集中申报中第一件未获通过的案例，具有标杆性指导意义。

商务部做出禁止可口可乐收购汇源的决定后，商务部发言人姚坚会在答记者问中说道：果汁饮料属于食品、快速消费品，直接面向广大消费者。对于此类产品，品牌具有重要意义，品牌意味着产品的质量、价格、是否能被消费者信赖等一系列因素。由于消费者对现有品牌的忠诚度，新品牌要说服零售商改变供应商十分困难，因此，品牌构成了饮料市场进入的主要障碍。可口可乐公司通过大量投资维护产品的良好形象从而培养消费者的忠诚度就是最好的例证。

此次交易完成后，正如本案公告所讲，可口可乐公司将独自拥有“美汁源”和“汇源”两个最具影响力的果汁品牌，通过控制品牌这一影响竞争的关键要素，可口可乐公司对中国果汁饮料市场控制力将明显增强，加之其在碳酸饮料市场已有的支配地位以及相应的传导效应，集中将使潜在竞争对手进入果汁饮料市场的障碍明显提高。

由于既有品牌对市场进入构成的障碍，潜在竞争者很难进入这个市场与可口可乐形成实质性的竞争，从而消除或者抑制可口可乐公司可能从事的滥用行为。市场进入问题是反垄断审查中必须回答的一个问题，是严肃的竞争问题。

2. 案件意义

1）中国可以说“不”

经过改革开放三十多年的发展，中国综合国力大增，经济持续稳定增长，市场繁荣，备受国际资本青睐。特别是加入世贸组织后，市场准入条件进一步放宽，吸引了大量国际资本，我国已成为世界主要资本输入国之一。国际资本大量流入，拉动了国内经济增长，同时也引发了产业安全的思考。我们注意到，一些国际产业巨头为了赢得最大的商业利益，采用兼并、投资入股等方式大举收购国内知名品牌，扩大旗下品牌产品市场份额，占领市场制高点，继而通过品牌重组、资本渗透、营销渠道垄断等手段增加产业筹码，有的已对产业安全构成了威胁。当前中国经济社会正进入一个新的发展阶段，在加快促进产业结构升级和转变经济增长方式的背景下，引进外资需要以产业健康发展为前提。此次可口可乐收购汇源公司被否决，表明我们正在摒弃以往对外资来者不拒、“捡到篮里都是菜”的被动承接模式，逐步走出给外资超国民待遇的初级开放阶段，根据自身实际情况从社会效益与长远发展考虑，将政绩引资、盲目引资转变为主动理性的招商选资，使得外资并购不再游离于产业安全之外。站在保护消费者权益的立场，从维护产业安全的角度出发，以法律为依据，理性认知、甄别外资，对可能直接影响产业健康发展的外资收购行为说“不”，是利用外资理念成熟的表现，话语权的背后彰显出中国经济实力的提升。

2）中国有理由说“不”

可口可乐收购汇源公司遭否决，是商务部依据 2008 年 1 月开始实施的《反垄断法》做出的正确裁决。其意义远远超过收购事件本身，标志着以《反垄断法》为基本框架，以行政审议方式开展反垄断调查的实践活动取得了突破性成果，迈出了完善市场经济法制建设的重要一步。该反垄断案申报立案后，商务部依据《反垄断法》原理及成文法的相关规定，以保护市场公平竞争、维护消费者利益和社会公共利益为目的，从经营者在相关市场的市场份额及其对市场的控制力、相关市场的市场集中度、集中对市场进入和技术进步的影响、集中对消费者和其他有关经营者的影响、集中对国民经济发展的影响及汇源品牌对果汁饮料市场竞争产生的影响等几个方面，对此项经营者集中进行了全面审查。在审查过程中，商务部对申报材料进行了认真核实，对此项申报涉及的重要问题进行了深入分析，并通过书面征求意见、论证会、座谈会、听证会、实地调查、委托调查以及约谈当事人等方式，先后征求了相关政府部门、相关行业协会、果汁饮料企业、上游果汁浓缩汁供应商、下游果汁饮料销售商、集中交易双方、可口可乐公司中方合作伙伴，以及相关法律、经济和农业专家等方面意见。商务部严格按照法律程序办案，调查、取证、裁决等具有一定的透明度。禁止此项经营者集中是从有利于果汁行业的持续健康发展、维护国家产业政策等角度进行考量，鉴于参与集中的经营者未提供充足证据证明集中对竞争产生的有利影响明显大于不利影响或者符合社会公共利益，同时在规定时间内可口可乐公司也未提出可行的减少不利影响的解决方案，是法定期限内做出的客观裁决，不涉及贸易保护，未受外部因素的干扰，也并非是对外国资本和技术的进入设置屏障，是依法行政的规范行为。

资料来源：廖艳嫔，2012. 对可口可乐并购汇源案的评析［EB/OL］. http：//www. docin. com/p-473776332. html.

通过以上分析，可以看出在经济全球化的背景下，国际贸易与投资活动日益频繁，国家间的经贸关系日益增强，为了促进经济更好更快地发展，我们欢迎外商来华投资，鼓励其在中国境内参与竞争。

近年来，随着我国加入世贸组织，我国的市场开放程度进一步提高，外资进入我国市场的准入门槛明显降低，跨国公司更多地进入我国，在传统的“绿地投资”之外，并购境内企业已经成为一种比较常见的方式。2003 年颁布《外国投资者并购境内企业暂行规定》以来，商务部已累计批准了 4 966 起并购案。毫无疑问，跨国公司并购境内企业为我们带来了资金、技术和管理经验，有利于国民经济发展；但是，如果并购导致跨国公司在某一市场取得或加强支配地位，产生排除、限制竞争的效果，反而会阻碍国民经济发展。

商务部依据反垄断法禁止可口可乐收购汇源，是基于对市场竞争的考虑，目的是维护我国果汁饮料市场的有效竞争，维护我国果汁饮料业的产业组织安全，促进和保障果汁类企业在公平竞争中发展壮大，促进果汁市场优胜劣汰机制的形成和经济增长方式的转变。

第四节　跨国公司的策略性行为因素

一般来讲，外商直接投资有助于弥补本国资金的缺口，促进本国技术、管理各方面的进步，从而有利于本国产业结构优化升级和经济发展。因此，世界各国大都积极吸引国外资本。但是，由于利用外资也存在使国民经济和国家产业面临潜在风险的消极影响，所以，世界各国在积极利用外资发展本国经济的同时，对外资的利用也采取措施加以合理引导和限制。

改革开放以来，我国吸引了大量外商直接投资，外商直接投资对中国的经济发展发挥了重要作用。但是外资的流入可能对于中国的产业发展造成负面影响，影响我国的产业组织安全。

外商直接投资极大地推动了世界经济增长和产业结构调整。对东道国而言，外商直接投资对其产业发展、产业升级以及产业组织安全究竟产生何种影响呢？基于产业控制力理论①，具体来说，外商直接投资可能对东道国产业组织安全产生以下几个方面的消极影响。

一、外资对市场的控制

国际资本进入中国的动机有三个：一是利用中国廉价的生产要素和优惠的政策条件，降低成本，追求高额利润；二是提升其在国际市场的竞争力，占领、控制国际市场；三是培育中国市场，最终占领、控制中国市场。对于第一个动机，只是短期的，因为中国的要素成本不可能永远低廉，而第二、

① 产业控制力是指外资对东道国产业的控制能力，以及对东道国产业控制力的削弱能力和由此影响产业安全的程度。产业控制力的实质是外资产业控制力和东道国产业控制力两种力量的博弈能力。从产业组织理论的角度，该理论所研究的基本问题是跨国公司对外直接投资的决定因素和条件，将对外直接投资视为企业发展到一定阶段和具有某种垄断优势时的必然选择。

三个动机是长期的，因为市场是企业的永恒主题。由此可见，外商投资的重要目的之一就是通过扩大市场份额，实现对东道国市场控制的目的。

外资企业会利用在资本、技术和管理等方面的相对优势，逐步占领并控制东道国市场，甚至在某些行业形成垄断，进而阻止东道国本土企业进入该行业，最终将本土企业挤出市场。虽然垄断是市场竞争的结果，但是当垄断势力破坏东道国市场竞争、损害当地消费者利益时便开始出现负面效应，因为这些完全垄断或者近似完全垄断的企业会倾向于借助非市场手段来维持垄断地位、攫取超额利润，进而导致社会成本的增加和一定程度上对技术创新行为的遏制。一方面，FDI 对市场的控制会削弱东道国政府对本国产业的控制力，影响东道国产业的自主发展和完整产业链的形成；另一方面，外资企业的垄断还会阻碍东道国市场的有效竞争，降低市场效率。因此，从这两方面来看，外资对市场的控制对东道国产业组织安全会产生一定影响。

21 世纪初以来，外商为了实现市场控制这一目的，加强了产业内并购，谋求在产业内的垄断地位。就我国机械制造业来讲，随着我国经济快速成长，工程机械需求量迅速扩大，跨国公司纷纷看好中国的工程机械市场。中国工程机械市场也是开放度较高的市场。20 世纪 90 年代中期以来，世界排名第一的美国卡特彼勒公司、日本的小松制作所、神户制钢所、日立建机、韩国现代、韩国大宇等一大批跨国公司相继设立中外合资企业，在挖掘机市场，美、日、欧、韩与中国的合资企业占据重要的市场地位；在装载机市场、筑养路机械市场等领域，跨国公司也纷纷谋求合资建厂，挤占市场份额。与此同时，进口工程机械也大幅度增长，抢占市场。[①] 分析 FDI 对我国产业市场的控制程度，可用外资市场控制度指标。该指标反映国内产业市场外资控制企业的程度，用外资控制企业市场份额与国内产业总的市场份额之比来衡量。外资市场控制度越高，产业安全受影响的程度越大。

二、外资对资产的控制

资产并购是外资并购的方式之一。外资对资产的控制可以从外资对该产

---

① 桑百川，2007. 外资并购装备制造企业：典型案例与经济效益［J］. 中国外资（3）：32-34.

业总资产的控制和固定资产净值的控制来衡量。总资产控制度指标反映对某一产业企业拥有的全部资产（流动资产和固定资产）的控制程度，可以用行业内外资总资产与该行业总资产之比来表示。总资产控制度越高，说明该产业总资产中外资占比越大，该产业受外资控制程度越大；固定资产净值指标是从固定资产净值的角度反映外资对国内产业固定资产控制的程度，可以用行业内外资固定资产与该行业总固定资产之比来表示。其比值越高，说明外资在该行业的经营状况相对越好。

资产并购是外资企业并购的一种方式，是指外国投资者设立外商投资企业，并通过该企业协议购买境内企业资产且运营该资产，或外国投资者协议购买境内企业资产，并以该资产设立外商投资企业运营该资产。以中国为例，外资参与境内资产并购或重组是国内资本市场对外开放的重大战略，有利于引进国外先进管理经验、技术和资金，增强投资者信心，加快投资主体多元化，增强资本市场效率，促进证券市场健康发展。但由于外资转移利润和逃避税收、国内大量资产被严重低估等因素，外资在东道国不断扩大的资产规模导致其资产控制度升高，造成我国大量资产被外资廉价买走，形成产业的资产安全问题。

三、外资对股权的控制

股权控制是跨国公司产业控制最重要的方式，即通过利用资本实力，占据多数股份，控制国内企业。一般来说，子公司经营的产品和技术垄断程度越高，母公司的股权控制就越紧，直至完全独资。我国利用 FDI 主要分为合资企业、合作经营企业、中外合作开发、独资企业、外商控股股份有限公司五种方式。在改革开放初期，合作经营是主要形式，之后合资经营的比重超过了合作经营。但近些年来，随着国家 FDI 形式政策的放宽，许多外资企业，尤其是跨国公司在中国站稳脚跟后，越来越重视企业的经营控制权。目前，外商独资企业已经成为外商对华直接投资的主要部分。同时，在中外合资企业中，外商普遍开始通过增资扩股等形式来达到控股的目的。外商对产业股权的控制，使我国产业经济独立性下降，进而影响了我国产业组织安全。

例如，外资进入中国装备制造业市场的策略往往是先与国内重要企业合资，利用转移价格，提高其投入品（如原材料）价格，造成合资企业亏损的局面，然后再提出“增资扩股”。中方因缺乏资金，外资股权占比提高，获得绝对控股权，甚至于变成外资独资企业。外资企业的这种运作，最终有可能控制东道国的产业，从而影响东道国对本国产业的实际控制力，带来产业风险。

反映外资股权控制情况的指标是外资股权控制率。外资股权控制率是从股权角度反映外资对国内产业控制的程度。可以用行业内外资所有者权益与该行业所有者权益之比来表示。

此外，需要说明的是，即使在外资没有获得绝对控制权的产业、企业，外方也可能具有实际控制力。提供了例子：上海大众 51% 绝对控股的合资股权构架，成为中国汽车界股权构架的标准模式，但即使是改动桑塔纳轿车的一个门把手，也必须经德方同意。四川韵律公司控股 73%，与百事公司合资多年，百事公司提出终止合作合同，终止浓缩液供应协议和商标许可证合同，提供了一个核心技术与股权谁说了算的经典案例。国家产业控制力和国际竞争力已经无法完全体现在股权控制上，也不在于产业的庞大和产业的属地，而在于产业的核心技术和品牌掌握在谁的手中。

四、外资对技术的控制

对于外商而言，保持技术垄断性比市场更重要。技术控制是跨国公司产业控制的关键方式，主要体现在母公司向子公司或分支机构转让技术的策略上。跨国公司可以向全资公司转让处于任何生命周期的技术，而向合资企业和非附属企业通常不会允许技术知识全部一次性转让，往往是有条件、分步骤地进行技术转让，而且技术大多并不先进，有时甚至是已被淘汰的技术，对关键技术或核心技术严加封锁，也很少去建立适合于当地采用和技术革新所必须的研究与发展设备，还通过取消原有企业技术开发机构加大其对国外技术的依赖，进而削弱其自主技术创新的能力，以维持自己对技术长久而有效的控制。比如，我国在改革开放之初曾提出以“市场换技术”的引资策略，期望以出让市场份额来换取外国的先进技术。然而，对于某些特定行业，尽管出让了相当市场份额，甚至外资已处于垄断地位，但真正换来的一流技术却很少。外资对我国产业的技术控制，可以从对发明专利的控制、对研发费用的控制和对新产品产值的控制三个方面来反映。

外资拥有发明专利控制度是从拥有发明专利数目的角度反映外资对国内产业技术控制的程度，该指标采用外资企业拥有发明专利数与我国企业拥有发明专利总数之比来表示；外资研发经费控制度是从研究与发展角度反映外资对国内产业技术控制的程度，该指标用企业中外资企业的研发经费与我国企业总的研发经费之比来表示；新产品产值控制度是从新产品产值的角度反映外资对国内产业技术控制的程度，该指标用外资新产品产值与我国企业总的新产品产值之比来表示。

如果外资具有较高的技术控制度，无疑会削弱我国的技术创新能力。外资技术控制度从技术角度反映外资对国内产业控制情况。外资技术控制度越高，产业发展安全受影响的程度越大。德国博世并购江苏威孚就是一个典型的案例。

江苏威孚集团是国内最大的柴油燃油喷射系统生产厂商。燃油喷射系统是柴油发动机中的核心部件，而柴油轿车市场前景广阔。作为该行业的龙头企业，威孚集团拥有一个国家投巨资长期扶植的技术研发中心，培养了一支可以和跨国公司抗衡的研发队伍，其营业额、工业增加值、利润、税收等指标在行业中名列前茅。2004 年，为提高我国发动机电喷技术，解决汽油机的排放问题，在机械部和科技部联合支持下，威孚与世界上实力最强的燃油喷射系统供应商德国博世公司成立合资公司，主要从事欧Ⅲ标准以上电子控制柴油喷射系统的研制与生产。在新的合资企业中，博世拥有 2/3 的股权，占控股地位。从此，威孚只能生产欧Ⅱ标准以下产品，欧Ⅲ标准以上全部由合资企业生产。威孚基于自身风险的考虑，为经营安全放弃了欧Ⅲ以上的技术积累、研发能力和开发权，国家投巨资长期培养的技术中心被撤销合并，技术人员全部被收进合资企业。而合资公司不但没有如中方所期望的那样进行电喷技术攻关，甚至没有进行任何开发活动，主要由博世在汽油燃油喷射系统领域向合资企业提供 EV6 的技术许可。实际上，在这一技术攻关的项目合资过程中，没有任何中国企业因此而获得电喷技术的开发能力。汽油机电喷技术攻关项目以受让外国技术的合资形式而告终，已经可以谋取中国市场的外国企业甚至不再愿意允许中国企业保持对引进技术进行学习的控制权。对于现代制造业企业来说，核心技术是企业发展和提高自身国际竞争力的法宝，因而跨国公司必然会对这些技术想方设法进行控制。总体上看，外资并购在一定程度上削弱了我国装备制造企业核心技术的研发能力和自主创新能力，对我国装备制造产业的长远发展形成了一定的威胁。

此外，跨国公司在中国实施“知识产权控制”战略，通过滥用自己在知识产权方面的优势，挤压我国的知识产权保护和产业升级空间，势必对我国的产业组织安全构成严重威胁。来自国家知识产权局的统计显示，外国公司在我国获得通信、半导体、生物技术类授权专利数占我国同类授权专利的90%以上，医药和计算机行业约占70%。跨国公司的“只是产权控制”战略给我国产业带来的影响，从进出口贸易中也可以窥见一斑：我国出口产品对知识产权的依赖程度小，只有1%的出口产品有知识产权保护，而进口产品中有50%以上有知识产权保护。

五、外资对品牌的控制

在2009年的《财富500强》评选中，中国共有43家企业上榜。然而在由世界品牌实验室（World Brand Lab）编制的2009年《世界品牌500强》中，中国只有18个本土品牌入选。这说明大部分企业的品牌意识尚处于朦胧阶段，对品牌的重要性认识不足而造成品牌和企业实力的不均衡发展，这就使原本就处在被动地位的中国企业雪上加霜。

当今企业的竞争，在很大程度上实质是品牌的竞争，品牌是企业的无形资产，也是企业竞争的重要手段。品牌是一种承诺，是企业对产品或服务质量的保证。一方面，外资凭借其资本、技术、管理优势，凭借其强大的营销实力和比较科学的营销方法，在市场竞争中具有十分强大的营销实力和比较科学的营销方法，在市场竞争中具有十分强大的竞争力和市场穿透力，许多民族品牌因此不复存在。另一方面，FDI形式由直接建厂（绿地投资）向更多地并购国家企业、国内品牌发展。品牌是跨国公司最重要的工业产权之一，品牌控制实质是市场份额和竞争主动权的控制。外资品牌所占的市场份额越大，产业组织安全受影响的程度越大。

跨国公司在进入东道国时，绝大多数都要求使用它的品牌，并通过强大的销售网络和广告宣传，排挤和打压东道国当地企业的品牌在消费者心中的影响，利用客户对其品牌的认同，以及由此产生对价格敏感性的降低使其得以避开竞争，解除替代品的威胁。在采取合资经营方式时，外商在取得控股地位后，东道国的产品品牌往往被束之高阁，被国外品牌取代。

案例与资料

外资对本土品牌的挤出效应分析
——以江苏省三大著名品牌为例

江苏省作为全国开放型经济发展最快、最有成效的省份之一，FDI 的大量流入对江苏省经济发展做出了很大贡献，地区 GDP 连创新高，但外资对本土品牌的挤压效应也最为凸显。在吸引外资最多的苏州，也是本土品牌最少的地方。曾经的苏州因其出现如香雪海、孔雀、春花、长城等人称苏州“四大名旦”的著名名牌和非常发达的丝绸织造业而名噪一时。如今的“苏州模式”即外资主导型经济也成为全国的典范，但苏州的本土著名品牌却在外资进入后全军覆没，苏州沦为世界各大知名品牌的代工厂。

1. 香雪海品牌的贱卖

苏州香雪海公司成立于 1986 年，其电冰箱和卧式冷柜，曾多年受到市场的拥戴，香雪海品牌是驰名中外的著名品牌。1995 年，与韩国三星合资成立苏州三星电子有限公司，中方看重的是三星在家电方面的领先技术。但在秘密谈判中，三星提出的一个条件：从合资起的 3 年内，公司不能生产香雪海品牌的冰箱，即让香雪海品牌退出市场 3 年，这给正处于上升时期的香雪海以致命一击。在合资中，公司对香雪海品牌的市场价值竟没有进行任何形式的评估，并且为满足外方的合资条件，香雪海还把当时公司最优质的一块资产——人员和设备，毫无保留地给了合资公司。众所周知，一个著名品牌需要不断的广告投入与宣传来维持，而香雪海品牌 3 年时间的退出对于一个竞争激烈的市场来说，无疑是慢性自杀。就这样一个很有发展潜力的品牌在合资中白白断送了前途。对三星而言，凭借其技术优势，通过合资使用香雪海的人员、设备来生产三星品牌的产品，不仅打开了中国市场，还减少了香雪海这样一个强有力的竞争对手，可谓是一举两得。退出市场 3 年时间，香雪海这一品牌逐渐被市场淡忘，冰箱市场也已被以海尔为首的新品牌所取代。虽然后来香雪海从国外高价引进先进设备和生产线，但企业原有的技术队伍和熟练工人已加盟到与三星合资的企业中，东山再起已很困难。

2002年，“香雪海”小家电类生产使用商品商标，仅以104万元的低价易主。至此，香雪海品牌从一个蒸蒸日上的成长型知名品牌沦落到以低价贱卖的结局收场，是合资伤了香雪海的元气。香雪海品牌3年时间退出市场和合资时未作评估，造成香雪海这一本土品牌价值的巨大流失，导致其最终从市场上消失。

2. 孔雀品牌的弃置不用

无独有偶，孔雀电视机的命运与香雪海大致相同。20世纪80年代，彩电行业有“南有孔雀”“北有牡丹”之说，孔雀牌，曾经是国内叫得响的少数彩电品牌之一。孔雀集团的前身是苏州电视机厂，1992年与飞利浦公司合资成立苏州飞利浦消费电子有限公司，1995年双方追加投资600万美元，合资组建苏州飞利浦消费电子有限公司显示器厂，中荷双方股份比例分别为49%和51%。合资后，外方要求合资产品使用“飞利浦”商标，几经谈判，外方以365万美元买断“孔雀”商标的使用权，取得了在合资期间独家在视频产品上使用孔雀商标的权利，这365万美元仅仅是该公司10年的广告费而已。合资企业对孔雀品牌最初在少量产品使用，后来即弃置不用，全力生产飞利浦品牌产品，致使孔雀品牌产品从市场上完全消失，取而代之的是飞利浦品牌。合资对孔雀集团而言获得的仅仅是短期的收益，因其自有品牌的丧失，企业失去了长期发展的可能性，最后沦为飞利浦在中国的加工厂。

3. 玉环品牌的回归之路

南京玉环（集团）公司，是中国最早开发、生产家用燃气热水器的企业，合资前是当时中国生产燃气具规模最大的专业化生产企业之一，玉环品牌是当时中国公认的名牌。1996年，玉环集团与美国A. O. 史密斯公司合资成立中美合资南京艾欧史密斯热水器有限责任公司，中美双方投资比例为20∶80，中方以现有销售渠道作价60万美元入股，双方均无偿将自己的商标许可转让给合资公司使用。合资前中方希望通过合资借助外方的技术和经济实力，将“玉环”这一著名品牌打出去，不断开拓国内外市场。合资公司成立后原中方南京玉环（集团）公司成为完全的空壳公司，其全部资产包括设备、技术、营销渠道、商标、生产许可证、厂区（租赁）、人员等都进入合资公司，构成了完全意义上的与外商的整体合资。然而，合资公司对中美双方转让的“玉环”商标与“A. O. 史密斯”商标在使用和宣传上采用了不同做法：1996 年，外方品牌广告费 200 万元，而中方品牌广告费仅为 2 万元；1997 年外方品牌广告费为 300 万元，而玉环品牌广告基本没有；甚至合资公司公然决定：在今后生产的热水器产品中不再使用“玉环”商标。中方著名商标“玉环”，除在合资起初进入市场时采用外，基本上处于“冷冻”状态。对中方而言，意味着合资后的短短 3 年时间里，不仅“玉环”品牌从市场上消失，而且企业也将被拖垮。1998 年，中美双方签订了撤资转股协议，合资企业解体，中方撤资转股后，重新收回“玉环”商标，重新启动热水器生产，短短几个月的时间，南京玉环集团就研制出新一代豪华超薄型“玉环”牌燃气热水器投放市场，立刻供不应求，奄奄一息的“玉环”品牌，又重新焕发了生机。

从香雪海品牌的贱卖和孔雀品牌的弃置不用，到玉环品牌的回归，可以看出外资通过一系列的手段对本土品牌进行挤压并使其消亡的过程，而辛苦培育出来的本土知名品牌在与外资的合作中不但没有壮大自己，反而断送了前程。

资料来源：宋宝香，彭纪生，2007. 外资对中国本土品牌的挤出效应[J]. 现代经济探讨（5）：75-79.

上述案例虽发生在 20 世纪 90 年代，但却生动地演示了外资品牌进入我国市场的全过程。进入 21 世纪，随着我国经济实力的不断增强，在很多合资合作中占据了主动地位，可是通过跨国并购，外国品牌的控制仍旧对我国的产业组织安全产生了很大的影响。如近年来，国际啤酒品牌在中国市场走马圈地，抢占中国消费市场。而中国啤酒企业却仍停留在国内市场内部竞争的状态。业内专家表示，中国啤酒品牌走向国际，是行业发展的必然，但是目前中国酒企的发展现状，尚不足以走出国门。

国际啤酒市场的走马圈地

1. 国外啤酒品牌抢滩国内市场

嘉士伯收购重庆啤酒转出股权近期备受关注，百威英博当年全资收购哈尔滨啤酒也曾引起业内哗然，喜力、朝日等世界排名前几位的强势啤酒品牌，近年来都在大力开拓中国啤酒消费市场，尤其是牢牢地霸占着中国啤酒的高端市场。

业内人士表示，中国啤酒消费市场仍蕴藏着无限的潜力，在利益的诱惑下，将会有更多的国外强势品牌进入，中国市场的竞争将会更加激烈。

这些品牌在进入中国市场时，大多选择收购、注资和自行建厂等形式，吞并或蚕食中国啤酒品牌的市场和渠道。不少中国企业在竞争中也都因处于被动地位而被同行业者吞并。

中国啤酒迟迟没有迈出国门。在国外啤酒品牌不断蚕食中国市场的同时，国外市场却鲜见中国啤酒品牌。作为国内啤酒行业的龙头企业，青岛啤酒曾明确提出要走国际化的路线，而且也将自己的产品出售到了全球70多个国家，但出口的产量只占其产能的5%以内。而其他品牌虽也有出口，但都不足自身产能的1%。雪花、燕京啤酒均表示，公司目前主要在开发国内市场，并没有大力向国外发展的计划和目标，产品在国外有少量的销售。只有已成为外资品牌的哈尔滨啤酒表示，在国外的销售情况不错，被百威收购后，因赞助了南非世界杯提高了全球知名度，借此拉升了海外销量。

2. 国际化时机尚不成熟

国内著名营销专家李志起表示，中国啤酒企业走国际化是行业发展的必然趋势，西方市场才是啤酒行业的高价值市场，中国啤酒需要走向国际，发展成为国际品牌，拓宽自身的市场，更好地实现自身价值。但是他也表示，中国啤酒企业目前并没有到可以走出国门的时机。

苏赛特商业数据营销中心市场部经理杨青松表示，对于中国来讲，啤酒本身是舶来品，中国的啤酒酿造技术尚未超越国外，在品质、口感等方面还很难获得国外消费者的认可。此外，中国啤酒没有高端品牌，到国外开拓低端市场本身就不是明智之举。

杨青松说："中国啤酒的利润率很低，一吨不到200元，销往国外的运输成本却比较高，利润很可能会低于运费。如果开拓国外市场，最好的选择就是当地设厂，但是在销量没有打开之前，谁也不会轻易下大资本设厂。所以，国内企业仍在观望国际市场，仍不会轻易'杀'出去。"

李志起表示，啤酒品牌走国际化路线，必须是成规模的，在国内一线品牌尚不具备走出国门之际，二线品牌难度会更大。除非是与国际啤酒巨头合作，借用渠道和市场，取得借力打力的发展，如果仅仅依靠自身力量，想要走出去则是不太可能的事情。

资料来源：外资品牌入华抢食，中国啤酒走出国门可望不可即［EB/OL］.http：//www. chinanews. com. cn/cj/2010/08-16/2470681. shtml.

外商进行品牌控制，一方面打压了民族品牌，导致许多民族品牌逐渐被边缘化甚至退出了市场，影响了一些民族品牌的成长和发展，进而影响了一些民族企业的成长和发展；另一方面，外商的品牌控制还会影响国人的社会心理，造成国人对国外品牌的认同和崇拜及对民族品牌的歧视（如手机），这种心理会在潜移默化中加强 FDI 对我国产业组织安全的不良影响。

六、外资通过并购行业的骨干企业进行产业控制

国际直接投资一般可采取绿地投资（新建投资）或企业并购两种方式进行。按照《外国投资者并购境内企业暂行规定》的定义，“外国投资者并购”是指外国公司、企业、经济组织或个人直接通过购买股权或购买资产的方式并购境内企业。从 20 世纪 80 年代中期开始，随着跨国公司的迅速发展及经济环境的不断变化，跨国并购已经取代新建投资成为跨国公司对外直接投资的主要方式。跨国并购，是指一国企业为了某种目的，通过一定的渠道和支付手段，把另一国企业的整个资产或足以行使经营控制权的股份购买下来。因为跨国并购能给企业、社会经济发展带来许多其他投资方所不能产生的积极后果，因此最近几年，各国纷纷放松管制，为跨国并购提供了良好的法律与政策环境，大大降低了其进入东道国市场投资的风险和成本，使跨国并购迅速发展。

1. 外资并购本国企业，对本国产业组织安全的影响

跨国并购在推动国内企业实现规模经济、制度创新、增强市场竞争力的同时，也存在挤占国内市场，极力走向垄断的趋势。这是发展中国家面临的普遍问题，“由于席卷全球的合并浪潮对于发展中国家已经并将继续造成严重的影响，发达国家巨型跨国企业的合并已经降低了发展中国家经济发展的

主动性和独立性，并对社会财富造成了负面影响”。[①]

跨国并购有可能形成某一行业或者产业的垄断。跨国公司进行并购活动的根本目的是为了获取垄断利润，它们往往是通过并购，消除国内市场的竞争对手，取得市场上的优势乃至支配地位，从而获得高额垄断利润。因此，它选择的并购对象一般是行业内的领先企业或是经营业绩良好的公司。同时，跨国公司凭借其强大的实力，造成各种资金、技术等门槛，形成垄断特权。一旦跨国公司控制市场就可能压抑竞争，降低市场效率，扭曲市场结构，导致垄断。垄断会带来社会资源的浪费、社会福利的损失和社会效率的降低。在近几年的国有企业产权交易过程中，出现了外商利用地方政府引资心切而趁机压价并购，控股并购中国国有企业的现象。外商通过对我国国有企业的投资、参股，大规模、成行业的控股并购国有企业，容易造成行业垄断和不正当竞争。同时，跨国并购会直接造成我国经济利益的流失。如装备制造业是我国目前成长最快的行业之一，2012 年装备制造业产销保持两位数增长，工业总产值突破 19 万亿元，同比增长约为 12.5%，行业增加值增速仍达到 9% 以上。[②] 如果外资企业并购了装备制造业的领头企业，就几乎等于直接控制了整个行业的利润闸门。

如 2006 年下半年，美国凯雷集团收购徐工集团旗下徐工机械 85% 的股权一事，成为国内财经热门话题。这个话题具备了所有热门话题的必备要素：黑幕交易，国有资产贱卖，威胁国家产业安全。此事涉及的双方，也容易让人兴趣倍增：徐工，中国装备制造业的龙头。凯雷，世界上最大的私人股权投资基金，由于有多名国家领导人在该基金担任要职，是一个有“总统俱乐部”之称的投资机构。揭发“阴谋”的是徐工集团竞争对手三一重工总裁向文波，他在博客上表示，中国机械行业将因这场并购而危机重重，他没料到，这将引发一场席卷中国的大讨论，最终的结果甚至扭转了中国传统对待外资的态度。凯雷并购徐工案以凯雷收购徐工 45% 的股份画上句号，这个并购案注定将名留当代中国经济史。反思凯雷并购徐工的整个过程，或许我们会从中得到一些启迪。

---

① 黄勇，2003. 国际竞争法研究［M］. 北京：中国友谊出版公司：71.

② 我国装备制造业仍显“活力”［EB/OL］.［2013-03-08］. http：//news.machine.com.cn/show-793321.

美国凯雷集团并购徐工集团的核心子公司——徐工机械

1. 缘起

2004年3月王民随徐州市政府官员一同到香港做徐州经贸洽谈推广会的时候，没有想到在两年后，这场招商会中的一个项目会变成一颗炸弹。

在香港的洽谈会结束后，4月，徐工集团在《香港经济日报》刊登了一个全球“招婿”的公告。徐工集团为徐州地方国有企业，想通过引进投资者的方式进行改制，或者简单说，徐州政府想卖掉徐工集团这一当地最大企业的大部分股权。

或许是老国企的通病，徐工集团也进行了债转股，以降低公司沉重的银行贷款产生的负担，轻装上阵再图发展。引进新的资金和投资方，无疑是加速发展的方式之一。

中国华融等四大资产管理公司在2002年接管了公司的债务，并转成了相应的股权，这四大资产管理公司通过类似方式解决了很多国有企业银行债务沉重的问题。

这笔股权曾经摆上了四大管理公司转卖的议事日程，但徐工集团又通过贷款的方式，将这笔占徐工约48%的股权，用6.8亿元“赎回”。某种意义上，徐工集团这笔交易非常“聪明”，按照可计算口径，这笔“赎回”的股权将以3倍左右的价格卖出。然而在2006年大贱卖的声讨中，徐工这笔升值国有资产的交易，未被提及。

陆续有投资机构来到徐州，考察徐工，洽谈收购事宜。“从2004年下半年开始，先后来了30多家机构。”徐工集团副总经理王岩松3月19日回忆道，他是收购中的徐工方的主要谈判人员。这30家中，有凯雷、摩根大通等国际投资基金，有卡特彼勒这种同行业的世界巨头，也有中国的行业巨头三一重工。三一重工是中国民营装备制造商，发展迅猛。“冤家”正是在此时结下的。三一重工的总裁向文波在2006年的夏天通过自己的博客引爆了凯雷收购徐工的大讨论。

大约在2002年，私人股权基金悄悄潜入中国内地。彼时，国内对私人股权投资基金的认识尚浅。惊动朝野的凯雷收购徐工的大讨论，让以前一直低调行事的私人股权基金摆上前台。

当时的国人只是通过某公司纳斯达克上市制造了中国年轻富豪的方式，知道了风险投资基金（英文简称 VC）能点石成金。然而私人股权投资基金（英文简称 PE）与 VC 完全不同，PE 的投资方向大致是成熟企业，通过债务重组、引入先进的管理机制、引入好项目等方式让“老树发新芽”，VC 则是冒着巨大的风险在早期投资或许能成功的企业。两者同属私募基金，但性质截然不同。此次被牵入讨论的凯雷收购徐工的基金，即属于 PE。2004 年至 2005 年 10 月份，主角全出场了：要卖股权的徐工集团，凯雷，三一重工。这场大戏进入高潮，则是在主角全部亮相后的 8 个月。

2. 发难

2006 年 6 月 6 日的一篇博客文章，让徐州市政府主导的一场“招婿”行动成了大事件。此前事态平稳，未见多大波澜。这篇博客是向文波写的，文中表示愿以凯雷的价格加价 30% 替换凯雷做此交易。这是他讨论凯雷收购徐工的第一篇博客。

根据 2005 年 10 月 25 日双方在南京草签的收购协议，凯雷将以 20 多亿元人民币的价格收购徐工机械 85% 的股权。

随后，向文波在博客里逐渐将事件丰富起来：三一重工很早就与徐州方面接触，但失去了进入下一轮被选择的资格。进入第二轮的 7 个机构，全为国际财团。

这一说法，徐工方面做了回应：三一出价太低，第一轮就淘汰出局。

向文波还认为，选择凯雷或许是一个安排好了的“局儿”。有数据支持他这么想，因为他获得了一份同是凯雷竞争对手摩根大通基金的出价：31.98 亿元人民币。很显然，这个数字直观上比凯雷方面要大方许多。

但徐州方面给“招婿”设置了很多无法简单用金额衡量的门槛儿：能否带来新项目新技术，在退出时徐工方面有一票否决权以防止被产业资本控制，徐工品牌的保留等复杂的条款。综合评分凯雷最高——这是徐州市政府及徐工集团的判断。这些不透明的所谓评分，是给凯雷量身定做的——这是反对者向文波的判断。

基于这种迥然不同的判断结果，这个平稳运行了已近 8 个月、正等待国家管理部门批准的收购案，随着向文波的发难，演变成了一场大战。

到2006年的6月24日，18天的时间向文波已经在其博客发表了14篇文章，篇篇打击要害。在他的博客中，原本没有被披露的很多交易细节及数字被披露了，而徐工方面就细节问题，没有做任何正面回应。

于是，参与讨论者的观点开始一边倒：通过黑幕交易以确定卖给凯雷，贱卖以让凯雷通过这个中国的地方国有企业获得暴利，这同时也将极大地伤害中国在装备制造业的产业安全。

凡此种种，逐渐凝聚成了民族精神，卖徐工就是卖国的逻辑关系也渐渐成立。

类似的以改制之名贱卖国有资产、中国企业被外资收购后品牌打入冷宫失去了竞争力等痛苦回忆在这场大讨论中被不断刷新，特别是让中国的网民们感受到了刻骨铭心之痛。

一面是向文波的咄咄逼人，另一面是徐工和凯雷的缄口回避，从行为上也很容易理解为什么在2006年6月开始的一个多月的时间舆论一边倒。

徐工有口难辩，国际惯例是，这种收购本就是商业秘密，核心数据不可能公布。“你可以不相信我们，但这些文件在监管层面是完全透明的，管理部门可以随时调审这些文件，你说我敢不敢说假话?”2006年7月6日，王岩松曾对本报记者说。

此时段，网络上也出现了一个徐工方面的博客，与向文波的博客观点针锋相对，双方文来文往，刀光剑影。网民们摇旗呐喊，民间藏龙卧虎显现无遗。

在这个热闹的6月，还有一件疑惑众生的事件：徐工集团的总经理付健在月初接到了市政府的调任令，任徐州市国有资产经营有限公司的总经理，该公司主要进行公共设施投资为主的业务，在2006年6月26日付健接受本报记者采访时认为“这种转型对我来说有点大，我更喜欢做企业”。

由于付健反对将徐工卖与外资，这个关键时刻的调任，无疑是火中浇油。

每一个不能从正规渠道得到解释的事情，都成了标识事件进展的符号，而这些符号，被不同方赋予了不同的意义。参与讨论各方的智商得到了严峻的考验。

一个月后，这场讨论惊动了上层。

3. 听证

2006 年 7 月 17 日至 19 日，连续三天下午，商务部召集所有与凯雷徐工并购案相关的单位，分批征求意见并详细询问细节问题，被召入京的徐工集团的王民和王岩松及徐州市政府、江苏省外经贸厅主管负责人，这批人三天时间连遇数十问。据参与会议者对本报回忆，问题涉及了每一个疑点，不能公开说的在听证会上全说了。

向文波和三一重工的董事长梁稳根也接到了主管部门的通知赴京。辩论双方在同一个大院里的不同会场同时接受着管理部门的问询。

这是中国第一次因企业收购举行的听证会，虽然在很多国家，这种程序司空见惯。

《华尔街日报》评论此事件是外国投资基金进入中国的分水岭，不为过。毕竟此事件从讨论开始到管理部门介入，均显现了始作俑者的独特，并于此听证会后不久的 8 月 8 日颁布了新的《关于外国投资者并购境内企业的规定》。各变化时间上的吻合，让此事件的进程被记入了历史。

听证会结束后，并没有具体的指导性意见传出。

而随着事态的进展，大人物也渐次出场。凯雷的创始人大卫·鲁宾斯坦专门飞抵北京，低调拜会相关部委诸多官员，同机抵达的，还有美国前国务卿鲍威尔，他们来的目的是就凯雷收购徐工搁浅一事进行沟通。

7 月 19 日，官员们在问询之时，大卫·鲁宾斯坦又陪同鲍威尔在清华大学进行演讲。

即便是坚决反对收购的向文波，在 2006 年 3 月 19 日下午向记者评论此事的时候也表示："不能神话外资，但同样不能妖魔化外资，资本是逐利的，（他们）这么做没有任何错。"

随后发生的事情，也使该事件具备了启蒙性：外资收购洛轴、苏泊尔也出现了类似的讨论。

洛轴涉及产业安全问题，外资已完全退出；苏泊尔收购如同徐工一样，未得到明确批复，这两项均牵扯到是否会导致行业垄断的评估。

4. 改，又改

听证会结束后，由于并未传出不利于徐工方面的消息，使原本一边倒的大讨论开始回归平衡。但批复的消息也未出现。

随着权威部门先后出场，大讨论的两个主要议题——贱卖论和威胁国家产业安全论，均由国家管理部门评估，讨论慢慢降温。

2006 年 10 月 16 日，凯雷和徐工重新签订收购协议，凯雷收购的股权比例降至 50%，收购总价为 18 亿元人民币，单位价格明显上升。

这一次修改，仍然有不同的解读：有人认为这种修改是根据管理层的授意进行修改的，说明在大方向上没有太大的问题，很快会被批复；也有人认为，这本身就是当时价格制定不合理导致的必然后果。

然后又是等待。此改无疾而终。

3 月 15 日，凯雷和徐工新协议签订，收购的比例降低到 45%，剩余股权全由徐州国资委持有，单位价格比第一次修改再次上升 11%。

此时距第一份收购 85% 股权协议已经 507 天，而凯雷的收购设想也从绝对控股变成了参股。

向文波 3 月 19 日下午对记者评论此事进展时，认为更应该重视事件中的教训。

该不该卖？什么价格卖？“正是因为制度性的缺陷，给了资本机会。”他评论道。没有一个好的价格制定机制，笼统的不低于净资产的管理规定，某种程度上成了不需要卖更高价的借口。

向文波还给出了一个很简单的发现价格的方法，“先上市，再改制”，他说——这里指的改制，是外资进入改变股东结构，“市场是发现价格最好的工具。”向文波认为，这个事件或许是一个解决类似事件的具有教育意义的标本。

资料来源：中国产业安全指南，2013. 凯雷收购徐工案谢幕［EB/OL］. http：//www. acs. gov. cn/sites/aqzn/wzbgnr. jsp？contentId=2362926433938.

不可否认的是，跨国公司拥有雄厚的资本和研发能力，以及先进的技术和经营管理方法。通过外资并购，国内的企业可以借此引进先进的知识和雄厚的资本，促进我国企业战略重组和技术升级。因此，外资并购对我国民族企业发展确实存在有利的因素。但是，需要意识到的是，外资并购在给我国企业带来好处的同时，也正逐渐吞噬我国的民族企业。如：美加净、小护士、乐百氏、大宝、中华牙膏、乐凯……这些曾经是中国人家喻户晓的品牌被外资收购后，销量日益下降、市场不断萎缩、影响力一落千丈。当民族品牌被外资收购后，等待他们的也许只有从消费者的目光中逐渐淡去。国人辛辛苦苦培养几十年甚至是上百年的民族品牌，最后沦为外国企业发展的垫脚石。经济全球化是不同国家、民族之间经济竞争新的形态，而“品牌”则是竞争的重要力量，正如一句广告词所说的：相信品牌的力量。没有自己的品牌，就只能出卖自己的廉价劳动力，同时还要出巨额的费用去买从自己手中制作出去的“名牌”，最终导致的结果就是自己永远被锁定在产业链的低端。我国现在应当提高利用外资的质量，重视“科学技术是第一生产力”的作用，努力提高国民科学文化素质。同时也应当注意保护民族品牌企业的发展，争取培养一批具有世界竞争力的民族企业，维护本国的产业组织安全。

2. 国际跨国并购，对第三国产业组织安全的影响

由于世界经济一体化的不断发展，各国之间的经济关系越来越密切，跨国并购对我国的影响不仅局限于收购我国相关行业，造成直接经济利益损失，其他国家间的跨国并购也会对我国的相关产业产生间接影响。

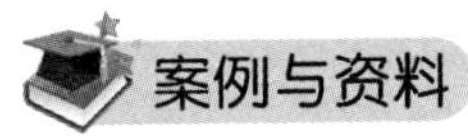

必和必拓收购案

2010 年 8 月 19 日，必和必拓报价 390 亿美元发起对加拿大钾肥的收购。390 亿美元的报价建立在加拿大钾肥每股 130 美元的现金收购报价基础上。加拿大钾肥认为这是敌意收购，旋即拒绝了这一报价，称其价格“太低”。

8 月底，加拿大钾肥销售主管斯蒂芬·德尔在一封致客户的信中指出，必和必拓公司开始给自己的客户打电话，称必和必拓的收购行为极不道德。

必和必拓 9 月 24 日宣布，公司对加拿大钾肥发起的收购已获得美国联邦贸易委员会批准。这是自 8 月 19 日必和必拓发起收购以来，获得的首个监管部门的批准。但目前该项收购还将面临加拿大钾肥股东方的批准以及加拿大政府的外资审查。为了能通过加拿大政府的审查，能让其了解更多有关收购的信息，9 月 20 日，必和必拓将收购期限延长 1 个月至 11 月 18 日。但对于必和必拓而言，要争取到加拿大钾肥多数股东的同意并非易事。

此前，加拿大钾肥通过公告表示，必和必拓提出的收购价格严重低估了该公司的价值，无法反映公司在该领域的关键地位和未来的发展潜力，因此建议投资者拒绝必和必拓的收购要约。9 月 22 日，加拿大钾肥在美国一家地方法院起诉必和必拓，称其发起的收购建立在虚假陈述的基础上。

10 月 2 日，路透社报道，加拿大萨斯喀彻温省将就加拿大钾肥（POT，142.64，-0.97%）收购案发布一份报告。报告将在周一（北京时间 10 月 4 日）正式发布，并会在数日或数周之内向加拿大联邦政府官员报送。这份长达 50～100 页的报告将分三种情况分析一旦加拿大钾肥被收购可能带来的经济影响。

必和必拓发起的对全球最大化肥生产商加拿大钾肥公司（Potash Corp）的收购案可能演变为一场全球资源的争夺战。一旦必和必拓收购成功，将在一定程度上垄断全球钾肥供应，削弱进口国的议价能力。我国钾肥年消费量在 800 万～1 000 万吨，其中 50% 左右依靠进口，是钾肥的最大净进口国。国内企业担忧如果此案收购成功，那么中国钾肥进口定价权将会重蹈铁矿石覆辙，大权旁落必和必拓，其影响将远远大于铁矿石。不仅影响中国粮食生产，而且对蔬菜、水果等所有农作物生产产生影响，对中国农业安全构成潜在威胁。同时，钾肥进口议价权被削弱，海外控制化肥价格的跨国企业将会大幅提高钾肥价格，造成农业生产成本大幅提高，粮食、蔬菜、水果等农产物产品面临全面大幅涨价，甚至成为中国经济不稳定的因素。

资料来源：钟晶晶，2010. 最大钾肥并购案影响中国粮食安全，中化称将关注［N］. 新京报，09-28.

跨国公司之间的并购确实会对我国的相关产业产生一定间接影响，但是，随着中国企业国际化进程的不断深入，越来越多的中国企业也开始转变以前任人宰割的现实，转而运用国际规则来维护自己的权益。在当前 WTO 的整体规则下，中国政府的商务部在处理相关国际并购问题上也更具灵活性、技巧性和前瞻性。诺基亚西门子通信公司并购摩托罗拉无线部门的计划便是一个很好的例子。

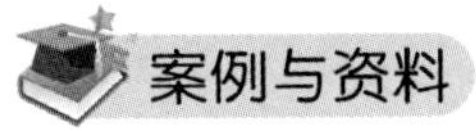

诺西并购案为国企提供借鉴

全球知名电信设备商诺基亚西门子通信公司并购摩托罗拉无线部门的计划正面临不确定性。由于中国商务部近日已将对该交易的审核期限延长了60天，因此这一并购案引起了业内的较大关注。业内人士表示，此次并购案表明，中国商务主管部门在WTO贸易框架下处理相关问题的手法更加灵活智慧，同时显示中国企业在走向海外市场的过程中也在不断成熟。

相关资料显示，诺基亚西门子2010年7月宣布以12亿美元收购摩托罗拉的大部分无线网络基础设施资产，该交易需通过9个国家和地区的审批许可。根据法新社的报道，如果诺西完成此项并购，则诺西在全球业内排名将升为第二。除了中国外，另外8个国家和地区的审批目前已获得通过。

但此次诺西在中国的申请遇到障碍，使诺西此前希望能在今年一季度获得审批的计划被延迟。诺西方面表示，目前没有关于完成此项收购的确切时间表。

诺西并购摩托罗拉无线部门的交易之所以迟迟未能实现，很大一个压力来自目前涉及摩托罗拉与华为之间知识产权及商业机密的争端能否顺利解决。据悉，诺西所要收购的摩托罗拉无线网络资产中，涉及大量华为的知识产权。在传出此项交易案之后，诺西的竞争对手——中国的华为公司即在2011年2月在美国提起诉讼并胜诉。据相关信息显示，在该诉讼中，华为要求推迟诺西收购摩托罗拉无线网络部门，待知识产权纠纷解决后再批准。而美国相关法院对此案颁发了初步禁止令，要求摩托罗拉不得向诺西转移华为的保密信息，要求摩托罗拉聘请独立第三方进行华为保密信息的安全删除检查，允许华为对诺西维护摩托罗拉设备的服务记录进行审计等。

业内人士表示，华为此次诉讼旨在阻止摩托罗拉非法向诺西转移华为的知识产权。实际上，一方面，摩托罗拉在过去10年里与华为有密切的业务合作，涉及无线接入、核心网等多个领域，摩托罗拉以自有品牌向客户转售华为无线网络产品；另一方面，诺西与华为又同为行业竞争对手。有业内人士认为，诺西如果并购摩托罗拉相关业务，将可能控制摩托罗拉曾与华为合作的业务、资产和人员，由此获取华为在这些相关领域的保密信息、商业秘密和知识产权，这有可能会对华为产生不利影响。有业内人士表示，这次商务部迟迟没有给予诺西并购案的批准，很可能是考虑到了华为的诉求。

业内人士表示，商务部近年来在涉及企业并购可能带来的市场垄断方面更加重视，此前否决了可口可乐并购汇源果汁案，就是充分考虑到此项并购会带来的垄断后果。有报道认为，如果此次诺西并购成功，则将控制北京移动 GSM 网络 100%的份额，这种情形对市场竞争格局不利。

"不论商务部最终宣布的结果如何，但可以确定，商务部肯定会以开放的姿态参考多方意见。可以看出，目前在 WTO 的整体规则下，中国政府的商务主管部门在处理问题上的灵活性和前瞻性都在增加。"国内知名电信专家、全球知名咨询公司 Frost&Sullivan 首席咨询顾问王煜全说。

王煜全同时认为，目前的形势对华为有利。"按国际一般惯例，一项交易如果超过半年及 1 年以上迟迟未决，就可能拖黄了。"他认为，尤其是华为在美国获得的胜诉，使诺西最终完成收购面临压力。"现在诺西要考虑的不是能否收购，而是值不值的问题。全球企业并购的时机非常重要，如果拖过半年以上，摩托罗拉可能面临核心人员的流失，其市场价值也会出现贬值，这无论对摩托罗拉还是诺西都是极为不利的。"

"从这次事件上看，华为通过在美国起诉的方式，有效运用国际规则来维护自己的权益，这是一种很重要的进步和商业智慧。"王煜全说。他表示，近年来越来越多的中国企业走向国际市场和实现自身的国际化，虽然这个过程一开始非常痛苦，但这个学费必须要交，非如此不能在国际市场上成长起来。华为是国内企业中一开始就坚定拓展海外市场的企业，碰到的挫折更多，但通过这些挫折成长起来了。中国企业要走向国际，舍此没有捷径。

从目前看，诺西、摩托罗拉和华为三方的胶着状态化解至少要等到两个月之后，但即使如此，最终结局也仍难预料。有业内人士认为，目前这一事件如果要得到妥善解决，关键还在于摩托罗拉的态度。解铃还须系铃人，此前摩托罗拉发起对华为的起诉，称华为 10 多年来精心策划窃取其商业机密。有业内人士认为，摩托罗拉应向华为主动寻求和解，对此前的诉讼给个"说法"，才有可能为打破目前的僵局创造条件。

王煜全认为，近年来中国企业走向国际化过程中，一方面遭遇诸多壁垒，诸如中海油此前收购优尼科及华为此前收购美国 3leaf 公司遇阻等。另一方面，越来越多的证据显示，当前中外企业很多冲突源于商业之外，是文化的冲突。这就需要越来越多希望实现国际化的中国企业进一步学习、了解跨国文化，才能进一步融入所在国市场。

资料来源：周文林，2011. 诺西并购案为中国企业知识产权保护提供借鉴样本［EB/OL］. http：news. xinhuanet. com/2011-03/20/c_121209318_3. htm.

第五节　国际环境因素

一、保障措施对产业组织安全的影响

保障措施是世界贸易组织规则允许保护国内产业的一种行政措施，其目的是允许任何一个成员方在特定的紧急情况下，避免遭受严重损害或损害威胁所采取的解除有关国际义务的临时性措施（佟家栋和周申，2007）。按照WTO的规定，实施保障措施必须同时满足以下三个条件：① 某种产品进口大量增加；② 存在“严重损害”或“严重损害威胁”的事实；③ 这种“严重损害”或“严重损害威胁”是由于进口大量增加造成的。由于保障措施的实施具有非歧视的特点，因此，国际上不会对我国单独发起保障措施调查或实施保障措施，但却可以对中国产品单独实施“特定产品的过渡性保障机制”（简称“特保”）。因此，我国出口产品在保障措施方面将面临两种可能。① 一般保障措施：成员方根据WTO《保障措施协议》采取一般保障措施，只针对产品，不针对国家，我国的相关产品可能受到影响。如美国的钢铁保障措施案，就是滥用贸易保障措施的很好例证，致使包括我国在内的很多国家在钢铁出口和其他相关产业的进出口贸易中都受到很大影响。②“特保”：仅针对我国产品实施保障措施。如2005年，欧、美启动242纺织品保障措施条款，给中国纺织业带来了震撼性的冲击，减少服装出口额50亿～70亿美元，危及3万家纺织服装出口企业的生存和发展，直接或间接影响了18万人的就业和近一亿人的生活，直接冲击了中国纺织业的产业安全。242纺织品保障措施条款适用期仅为3年，而《中华人民共和国加入WTO议定书》“第16条”即“特定产品过渡性保障措施”，其适用期却要一直延续到中国加入世贸组织12年之后才终止，所以，一旦触动，后患无穷，必将影响中国的产业组织安全。

美国钢铁保障措施案

美国钢铁保障措施案是中国在WTO的第一案，也是WTO成立以来最大、最复杂的案件。2001年6月22日美国贸易代表正式致信ITC主席，要求ITC根据美国1974年贸易法“201条款”，就钢铁进口对美国钢铁行业的影响发起调查，同年10月26日ITC作出了损害裁决。随后，美国总统于2002年3月5日发布命令，宣布自2002年3月20日起，对10类美国进口的钢铁产品提高8%～30%的额外关税，为期3年。同年4月中旬至6月中旬之间，欧盟、日本、韩国、中国、瑞士、挪威、新西兰以及巴西等受害国先后联合或分别与美国开展磋商，但均未能达成协议。应诸受害国的请求，WTO争端解决机构（DSB）同意于2002年7月25日正式成立一个专家组，综合受理受害国的8宗申诉案。紧接着，加拿大、“中国台北”、古巴、墨西哥、泰国、土耳其以及委内瑞拉等7个WTO成员相继要求作为“第三方”参与本案的整个审理过程。2003年7月11日，专家组作出报告，认定美国保障措施不符合WTO协定。同年8月11日美国提起上诉。2003年11月10日，上诉机构作出报告，全面维持了专家组的裁决。2003年12月10日，专家组和上诉机构的报告在DSB会议上获得通过。美国总统布什也于2003年12月4日签署命令，宣布自12月5日起，保障措施终止实施。至此，历时21个月的案件以美国败诉而结束。在此次由美国挑起的“201条款”钢铁保障措施争端中，其“原告”之众多、“被告”之孤立、涉及面之广泛及其对WTO体制和全球贸易秩序未来影响之大，都是史无前例的。

美国是我国钢材出口的第二大贸易国，2000年中国对美出口钢材129万吨，占中国钢材出口总量621万吨的20%；2001年中国对美国出口钢材锐减至74.34万吨，金额3.58亿美元，占美国2 735万吨进口总量的2.7%，占中国钢材出口总量474万吨的15.68%。从产品结构上看，中厚板、冷轧薄板、镀锌板、镀锡板、无缝钢管、钢丝绳比例最大。此次美国提高钢铁产品进口关税对我国主要板材生产企业、建筑钢材生产企业影响较大，尤其是宝钢、武钢、首钢、鞍钢等国内主要的钢铁生产企业。根据保障措施征收30%的附加关税，将使我国绝大多数钢铁企业在3年内无法对美国出口。据中国钢铁协会预测，按照历年对美国钢材出口的平均数据计算，此次钢铁保障措施将给中国每年至少造成7 600万美元的直接损失（以平均每吨钢材180美元，每年平均出口40万吨计算）。

资料来源：叶茂升，杨仕辉，2005. 美国钢铁保障措施对我国钢铁产业影响的实证分析［J］. 科技和产业（4）：14-18.

二、金融危机对产业组织安全的影响

2008年金融危机对中国存在多方面的影响，但主要体现在对外金融投资、对外贸易和国内金融市场三个方面。① 美国金融危机对中国最直接的影响就是中国2万亿美元外汇资产的收益和安全受到冲击。有关资产价格缩水或归零给我国海外金融投资带来较大损失，涉及外汇储备、主权基金、商业银行自有资金和QDII（Qualified Domestic Institutional Investor）等投资。② 美国金融危机将加快美国经济衰退，使得美国消费滑坡，加上人民币兑美元汇率上升幅度已经较大，中国对美国出口增长将受到不利影响。另外，周边国家韩国和印度货币今年以来在人民币兑美元汇率上升的情况下大幅下跌，中国对美国出口受到不利影响更大。③ 美国信用危机影响中国金融市场。由于中国经济和世界经济的联系日益密切，中国企业在香港上市已有规模，很多权重股甚至在两地上市，中国股市和国际股市的相关性已经很强。实际上，在2007年美国发生第二波次贷危机时，中国股市开始受到冲击。此后，中国股市大幅下跌，最大跌幅达70%左右。随着美国金融危机的恶化，中国股市仍然不时受其干扰。

金融危机对我国金融业及其组织安全的影响，主要包括银行业、证券业及保险业等。

1. 对银行产业组织安全的影响

从危机对中国银行业的影响来看，影响是有限的，风险是可控的。经过30多年的改革开放，尤其是近年来的体制、机制改革，中国银行业虽然不能独善其身，但做到了在全球独树一帜，保持了稳健运行。然而，在此次次贷危机中，我国金融机构（主要是商业银行）购买了很多各大评级机构给予了 AAA、AA 或 A 评级的次级贷款债券。虽然我国商业银行购买美国次级债券的数量普遍不多，但还是有几家银行损失严重。其中受损最为严重的是中国银行。根据2008 年半年报显示，截至2008 年6 月 30 日，中国银行持有美国次级住房贷款抵押债券的账面价值为36. 42 亿美元，持有美国 Alt-A 住房贷款抵押债券的账面价值为 18. 28 亿美元，持有美国 Non-Agency 住房贷款抵押债券的账面价值为 50. 77 亿美元。根据中国银行提减值准备的计算，中国银行大约浮亏 30. 24 亿美元，中国工商银行次贷浮亏约为 12 亿美元，建设银行约为 8. 64 亿美元。另外，交通银行、招商银行、中信银行和一些 QDII 基金也分别持有少量美国次级债券，不过由于数量较少，亏损额较小。这些仅是少数公布了的数据，可以肯定还有很多机构的数据并未公布，而且随着危机的深入，我国金融机构将面临更多的亏损。

2. 对证券产业组织安全的影响

从我国证券公司、证券行业和证券市场的角度看，可以把这次危机的影响分解为两个层面。一个是对证券公司的影响，另一个是对证券市场的影响。①

对证券公司的影响可以间接感受到，但是迄今为止，影响不很明显，并且由此所带来的风险和损失完全控制在可以承受的范围之内。

对国内证券市场的影响主要通过三条渠道。

第一，中国证券市场通过 QFII 引入境外投资人，境外投资人通过资本流出的方式，重新调整自己的资产配置过程。这样的影响可以直接冲击国内的资本市场。目前无论从资本流动的数据，还是从 QFII 机构投资人的资产配置来看，其对中国资本市场产生的冲击都相当有限。

第二，内地通过香港市场。中国内地大量的上市公司同时也在香港市场上市，香港市场是一个相当开放的离岸市场。在爆发严重的金融危机和大量的国际资本回流美国的背景下，香港市场遭遇了惨重的抛售，结果是尽管香港没有大小非的压力，没有所谓的宏观调控，但是香港国际指数股，香港恒生指数的跌幅并不比内地市场少多少。由于香港市场的暴跌和 AH 股比价效应，A 股市场定价受到非常大的拖累。在过去很长时间里，AH 股之间的溢

① 高善文，2009. 金融危机对我国证券行业和证券市场的影响 [EB/OL]. [2009-12-13]. http://www.cacs.gov.cn/zhuanjia/zhuanjiashow.aspx? articleId=53005&str1=2.

价存在比较明显的波动，这个波动表明A股市场的定价具有独立性，这个独立性通过资本账户的封闭，与投资者本土的偏好和国内流动性相对松紧之间存在比较密切的联系。但是在H股市场发生暴跌的背景下，A股市场相对走出独立定价的空间受到非常大的挤压，这对内地股票市场的价格指数，对股票定价产生了巨大影响。

第三，这个渠道相对更间接一些。一方面通过影响中国的宏观经济、企业的营利订单这些基本面的因素，从而对A股市场的定价和走势产生非常大的冲击。另一方面，在国际金融危机爆发的背景下，国内的一些上市公司对国际大宗商品市场，或者对国际范围内的其他资产市场存在此前没有充分披露或者人们没有充分估计到的大量风险。国内的上市公司对国际金融市场、金融危机的风险暴露比大家估计和想象得实际上更大一些。通过这样的风险暴露，将国际金融危机直接传导到国内上市公司资产负债表，直接传导到国内上市公司的股价。国际金融危机通过出口对整个中国宏观经济的影响，影响到整个A股情况。

从中国证券行业角度来看，应该说证券公司、基金公司等国内证券行业的从业机构所受到的影响相当有限，完全可以控制。而国内证券市场受到的影响和冲击非常大，并且迄今为止，许多影响仍然在进一步吸收的过程之中。

3. 对保险产业组织安全的影响

由于我国保险市场国际化程度相对较低，2007年以来发生的全球金融危机对中国保险业的影响相对有限，但在美国金融市场持续动荡，金融危机迅速蔓延的背景下，我国的保险业也无法完全“独善其身”，这场金融危机对中国保险业的直接消极影响主要包括以下几个方面[①]。

第一，市场信心下降。美国金融危机可能造成消费者对保险业偿付能力的担忧和市场信心的下降。由于保险产品的特殊性，消费者对保险业或保险公司的信心对保险业发展具有至关重要的意义。在此次危机中，美国国际集团（American International Group，AIG）遭受重创，荷兰全球人寿保险集团（AEGON）、英国英杰华（Aviva）等世界知名保险公司也都遭受了不同程度

① 郭金龙，2009. 全球金融危机对中国保险业的影响和启示［EB/OL］. http：//news. hexun. com/2009-07-20/119749845. html.

的损失。美国保险业集体受创，许多公司甚至陷入危机，这无疑给国内消费者造成了“保险公司不保险”的印象，并将进一步打击公众对保险业的市场信心。

第二，利率风险显现。央行宣布从 2008 年 9 月 16 日起降低一年期人民币贷款基准利率，2008 年 9 月 25 日起调低除工、农、中、建、交、邮政储蓄银行外，其他存款类金融机构人民币存款准备金率。这是我国四年内首次同时下调“双率”。随后又于 2008 年 10 月 8 日、10 月 29 日、11 月 26 日、12 月 22 日四次下调存贷款利率。而作为保险公司，尤其是寿险公司主要风险之一的“利率风险”，在 2007 年利率上调和 2008 年下半年利率下调的情况下，必然面临利率风险甚至利差损的问题。

第三，境内外投资损失。在此次金融危机中，虽然我国保险公司直接持有次级债券和破产或陷入危机的金融机构的股票和债券等相对有限，但影响不容忽视。同时，由于我国的部分金融机构通过 QDII 或其他形式参与境外金融资产投资，一旦所投资的境外金融资产发生风险，不仅直接影响参与投资的境内金融机构，还将间接影响参股或购买这些境内金融机构及其资产的保险公司。

第四，投资收益和净利润大幅下降。美国金融危机对我国保险业投资的一个最重要的影响就是，受美国金融危机影响，全球股市持续低迷，我国保险业投资收益和各保险公司净利润大幅下降。根据保险公司 2008 年年报，A 股三大保险巨头净利润较 2007 年出现大幅缩水，平均减幅高达 73%。2008 年，中国人寿实现净利润 100.68 亿元，同比下降 64.19%。对于利润的大幅下降，中国人寿认为原因主要是国际金融危机的冲击，资本市场的深度下调，使得 2008 年投资收益出现了大幅下滑。

第五，经济和金融环境恶化影响业务增长。由于保险需求与经济和金融市场环境息息相关，此次金融危机可能导致我国的经济和金融环境恶化，从而影响保险业的增长速度。就目前来说，此次金融危机对我国经济和金融环境的影响尚未完全显现，但有两点是确定的：一是消极影响肯定存在；二是不确定性因素增加。其主要表现是：一是美国、西欧、日本等国家经济的衰退或停滞将极大地影响我国的外贸出口和外商投资，并加大人民币的升值压力，恶化我国的出口贸易；二是这些国家的金融危机或动荡将引发我国金融市场动荡、股市下跌、资产贬值，影响我国金融业的营利能力和安全性，并可能由此拖累经济增长；三是受此次金融危机影响，我国近年来一直从紧的货币政策开始放松，降低利率和存款准备金率，由此加剧我国经济和金融环境的不确定性。由于保险业的发展与经济和金融环境直接相关，其中任何一种潜在可能的发生，都将恶化我国保险市场的经济和金融环境，影响我国保险业务的增长。

三、信用评级对产业组织安全的影响

信用评级又称资信评级，是一种社会中介业务，为社会提供资信信息，或为单位自身提供决策参考，其根本目的在于通过对经济主体按合同约定如期履行债务或其他义务的能力和意愿的科学测评来揭示受评对象违约风险的大小。

信用评级主要有以下几种：① 企业信用评级，包括工业、商业、外贸、交通、建筑、房地产、旅游等公司企业和企业集团的信用评级以及商业银行、保险公司、信托投资公司、证券公司等各类金融组织的信用评级；② 证券信用评级，包括长期债券、短期融资券、优先股、基金、各种商业票据等的信用评级；③ 国家主权信用评级，国际上流行国家主权评级，体现一国偿债意愿和能力，主权评级内容很广，除了要对一个国家国内生产总值增长趋势、对外贸易、国际收支情况、外汇储备、外债总量及结构、财政收支、政策实施等影响国家偿还能力的因素进行分析外，还要对金融体制改革、国企改革、社会保障体制改革所造成的财政负担进行分析，最后进行评级；④ 其他信用评级，比如项目信用评级、本币信用评级、外币信用评级等。

目前国际公认的专业信用评级机构只有三家，按照影响力大小，依次是穆迪（Moody's，美资）、标准普尔（Standard & Poor's，美资）和惠誉国际（Fitch Rating，原为美资，现为法资控股）。自 1975 年美国证券交易委员会 SEC 认可上述三家公司为“全国认定的评级组织”或称“NRSRO”（nationally recognized statistical rating organization）后，三家公司就垄断了国际评级行业。据国际清算银行（Bank of International Settlements ，BIS）的报告，在世界上所有参加信用评级的银行和公司中，穆迪涵盖了 80% 的银行和

78%的公司，标准普尔涵盖了37%的银行和66%的公司，惠誉国际涵盖了27%的银行和8%的公司。每年的营业收入穆迪约15亿美元，标准普尔为10多亿美元，惠誉国际为5亿美元左右。

与国际信用评级机构相比，国内信用评级机构发展缓慢。成为信用评级机构需要经过国家批准，现在资本市场评级机构只有四家，其中大公、中诚信与联合资信瓜分了资本市场95%以上的份额，上海新世纪基本可以忽略不计，市场影响力非常小。

目前，我国信用评级机构存在的主要问题有：① 信用评级机构的独立性、权威性不够；② 评级结果的利用率不高，市场对评级结果反应“冷漠”；③ 信用评级的专业性不强；④ 信用评级信息的可信度低；⑤ 信用评级活动缺乏客观性；⑥ 信用评级信息的一致性、可比性差（杨蕊，2004）。

评级话语权关乎国家的经济命脉。国家主权评级是国际金融市场上各类信用评级中最受人关注的。企业评级会随着国家主权评级的下降而下降，从而其国际融资成本上升，企业盈利下降，银行坏账增加，进而引起金融市场忧虑，导致资金外流。

在国际金融市场，没有获得信用评级的公司就不可能发行债券融资，而且评级越低，融资成本越高。国内企业在国际资本市场上，因为没有与我国经济实力相匹配的评级话语权，信用级别被压低，影响我国政府和企业的国际形象，增大海外融资成本，使得企业利益严重受损。例如，2003年年底，正值我国银行业谋求海外上市之际，美国标准普尔宣布维持其10年来对中国主权信用评级的BBB级，即“适宜投资”的最低限①，还将中国13家商业银行的信用级别均评为不具备投资价值的“垃圾等级”；同时美国评级机构又高调肯定境外投资者参股中国银行，使其在与中国商业银行谈判时压低价格，为国际垄断资本攫取我国的国有资产开方便之门。世界银行在2007年5月30日公布的《中国经济季报》中明确指出：中国银行股被贱卖，问题并不在IPO环节，而是出在此前引入战略投资者的定价上。较低的入股价格使得境外战略投资者们在中国金融股身上享受着暴利。信用评级机构的不公平评比，导致我国金融业面临较严重的产业安全问题（吴红，2009）。

---

① 直到2005年之后才得到一定调升，目前穆迪对中国主权信用评级也仅为“A1”，而标准普尔给予中国的长期主权信用评级为A+，短期主权信用评级为A-1+。

不仅在国际资本市场如此，国外评级机构还想在中国的国内资本市场也如法炮制。国际三大评级机构看中国政府不开放这块市场，就以参股、控股的方式曲线进入国内市场。如穆迪参股中诚信国际信用评级有限公司49%的股份，惠誉国际参股联合资信49%的股份，标准普尔注资新世纪。一旦国际上的这三大评级机构凭借其强大的技术优势、管理优势和经验优势获得对我国信用评级企业的控制，进而获得对我国的信用评级业的控制，那么将对国内资本市场的信用评级造成严重的影响。

信用评级行业具有特殊的国家战略地位，我们应该从战略思维的高度认识它。中国企业的“走出去”战略是中国“和平崛起”国家战略中极为重要和关键的步骤，是中国在未来全球竞争中保持强大的国际竞争力，实现国家利益最大化的重要手段。为了维护中国的金融主权、保证金融市场的健康发展、确保国家经济技术信息安全，必须建立强大的民族信用评级机构，以争取中国在国际评级领域的话语权地位，为中国企业进入国际资本市场发放通行证（吴红，2009）。

2009年5月23日，大公国际资信评估有限公司发布了中国第一部国家主权信用评级方法及中国行业信用评级方法，尽管国际信用评级市场上的垄断局面并没有大的改变，有一些并不公道的国家主权评级仍然在继续，但我国第一部国家主权信用评级方法的发布，将对中国争取国际金融领域的话语权、对中国参与新型国际信用评级体系建设产生重要作用，也为实施“国际和国内双评级”奠定了一定的基础。

四、国际政治对产业组织安全的影响

第二次世界大战以来，得益于现代科技革命的继续深化和国际范围内生产关系的不断调整，世界经济迎来了新的繁荣，尤其是自20世纪70年代以来，日本、欧洲在美国的扶持下逐渐恢复了元气，而美国更是利用其发“战争财”的契机，及时填补上英国等退出的世界经济霸主空位，以“布雷顿森林体系”为工具，不遗余力地推动经济全球化的进程，寻求地区甚至世界范围内的经济利益。在这一进程中，商品输出和资本输出充当了不可或缺的“双轮驱动”角色。美国产业的发展和扩张也越出国界，产生世界性的影响。而日益复兴的日、欧等也紧追其后，参与到这场全球经济竞争的新角逐中来，从而大大地促进了国际贸易、国际投资和国际金融活动的兴旺，使得国际经济相互依存的程度也相应加深了。发达国家之间、发达国家与发展中国家之间出现了“你中有我、我中有你”的利益相互渗透、经济边界日趋模糊的新局面。

国际政治近几十年来发展的历史日益表明，包括产业安全在内的这种过去常被称为“低级政治”的议题，已经越加取代或并列成为国际政治交往中的核心内容了。尤其是在核威慑的阴影下，一些发达国家已经认识到，以贸然发动战争来谋取不正当利益的传统方式所付出的代价可能太高，武力手段即便可取，其在国际政治中的效果也大打折扣。相应地，对别国实行经济控制就成了可替代的谋求国际政治霸权和野心的新工具。这种经济上的“征服”既能带来实实在在的物质利益，又可以在“互利共赢”的幌子下隐蔽进行，招致的反抗和道义上的谴责就轻微得多了。因此，发达国家政要纷纷转变谋略，竞相为本国产业的向外扩张奔走四方，促进别国对外政策的松动和市场的更大开放。而这种基于各国发展不平衡而引起的经济实力的强弱之分以及出于掠夺和非正当获利的动机和行为，便为产业安全问题的出现提供了最为基本的原因。

产业安全是当今国际政治关系中的重要内容。在世界经济依存关系日益加深的前提下，由于缺少一个类似“世界政府”的超国家权威，所以各国在国际经济活动中，分配的原则和方式存在较大的分歧。各国都想为自己谋得最有利的份额。这种“零和博弈”的结果必然导致“经济或产业安全困境”的出现，即一国经济实力的增强，也意味着另一国实力的相对削弱。因而，围绕经济因素而起的国际冲突与协调问题已经成为国际政治关系中的重要内容，如同每年西方八国集团举行会议这一行动所显示出来的那样。①

第六节 国内环境因素

外资对我国产业控制的着力点是并购行业的重要企业。在我国的许多行业中，重要（或龙头）企业多数是国有企业。因此，在研究影响我国产业

---

① 张立，2007. 产业安全问题的国际政治经济学分析［J］. 天府新论（4）：46-52.

组织安全的内部因素时，需要先分析国有企业的效率问题。现代企业与古典意义上的企业（个人业主制和合伙制）的根本区别是前者所有权与经营权相分离。现代意义上的企业由此产生了委托—代理问题，只有克服了这个问题，公司制的现代企业才有可能取得良好的绩效。

国有企业不但是所有权与经营权相分离的企业，而且与私营企业相比，其从最终所有者（全国人民）到最终经营者（国有企业的厂长、经理）的链条更长，需要建立起比私营企业更加复杂、更加精密的现代公司治理结构。因此，国有企业在竞争性领域较难取得良好的绩效。由于我国坚持国有经济在质量和数量两方面都占主导地位，而作为国有经济载体的国有企业在竞争性领域的低效和缺乏竞争力，加上既得利益集团的影响，产生了三方面的问题。

一、对私营企业的金融歧视

绝大多数贷款流向国有企业，私营企业严重缺乏发展所需要的资金。如2009年上半年6万亿贷款，因为国有企业由政府担保，国字号企业银行放心，其中的80%流向国有企业。[①] 财政部财政科学研究所课题组的研究结果也持有相同看法，认为“银行贷款中大部分是贷给国有企业的，民营企业很难获取银行贷款。据统计，我国全部商业银行贷款的80%以上流向了国有企业”。[②] 由此导致了私营企业很难获得发展所必需的金融资源，严重影响其竞争力。

二、对私营企业的市场准入限制

一些产业允许国有企业和外资企业进入，但私营企业被排除在相应的产业之外，导致私营企业无法在这些产业与外资竞争。如世界银行驻中国代表处经济学家赵敏在商务部国际经贸研究院发布《2005年跨国公司在中国》报告后接受记者采访时表示，“有些行业保护很厉害，民营资本进不去，对

---

① 陈永昌，2009. 评析6万亿银行贷款的喜与忧［EB/OL］. http://blog.szonline.net/u/561/26900.html.

② 财政部财政科学研究所课题组，2007. 财税体制对地方政府固定资产投资膨胀的影响分析［J］. 经济研究参考（72）：2-28，59.

外商则另眼相看，政策导致了让渡给外商部分垄断收益。”① 2006 年 11 月 17 日在南京举行的由全国政协经济委员会、国家发改委、全国工商联共同举办的“促进非公有制经济健康发展论坛”上，厉以宁认为“目前落实‘36 条’最大的问题就是市场准入”。这表现在民营企业还无法进入目前一些行政垄断部门和行业、公用事业和基础设施领域，“通信、广电、邮政、电力、金融等方面表现更为突出”。一些行业是“明放暗不放”，设限严格、门槛非常高，甚至高到只有行业内原有企业能维持或少数实力很强的企业才能进入。在该论坛上，保育钧引用部分浙江的个体、私营企业主的说法表示：当前，最有用的政策是放宽市场准入，最想进入的领域是公用事业和基础设施行业。② 卫志民（2009）撰文说，我国加入世界贸易组织以后，许多外国资本都能够进入的经济领域，却为民间资本的进入设置了重重障碍，设置了高门槛，如在金融、石油石化、能源、矿业冶炼、邮政、交通运输、烟草、电力、港口机场、电信服务、重大装备制造、教育、文化、卫生、传媒、法律、艺术等领域，对内开放的步伐明显落后于对外开放的步伐③。

在那些对外资开放的竞争性产业（不管是否对私营企业开放），国有企业低效率、私营企业缺乏资源及私营企业可能被排除在产业之外，导致内资企业整体上处于劣势，而包括港澳台商投资企业在内的外资企业凭借其技术优势、管理优势等所有权优势以及其享有的税收优惠、土地价格优惠和其他优惠，很容易获得对我国产业的控制力（见表 3-2）。

表 3-2 现行体制和政策内含的开放产业被外资控制机理

<table>
<tr><td>国有经济占主导地位</td><td rowspan="3">→</td><td>金融资源和市场准入偏向国有企业</td><td rowspan="3">→</td><td rowspan="3">内资企业整体上处于劣势</td><td rowspan="4">→</td><td rowspan="4">产业被外资控制</td></tr>
<tr><td>国有企业效率低</td><td rowspan="2">私营企业发展受到金融资源和市场准入限制</td></tr>
<tr><td>私营企业效率高</td></tr>
<tr><td colspan="5">外资进入：各种优势和享有各种优惠</td></tr>
</table>

① 经济观察报，2005. 商务部报告称外资负面显现 追问 5600 亿外资功过［EB/OL］. http：//tech. sina. com. cn/it/2005-02-19/0958529896. shtml.

② 陈黛，2006. 各界共谋助推民企破解非公经济发展“玻璃门”［EB/OL］. http：//business. sohu. com/20061120/n246492018. shtml.

③ 卫志民，2009. 刺激中国经济要靠供给政策［N］. 经济学消息报，12-04（1-2）.

三、地方政府青睐外资并购

由于吸引外资的政绩观和追求 GDP，地方政府（官员）出于政绩的考虑，可能会产生用本地优质企业资源引进外资的冲动，包括强制其下辖的优质内资企业被外资并购，出现“宁予外邦，不予家奴”的局面（纪宝成和刘元春，2006），从而使外资能够比较轻易地并购外资已进入行业的龙头企业，从而具备控制我国相应产业的能力，对我国产业安全构成威胁。

综上所述，影响产业组织安全的内部因素有多种。这些因素从不同的角度、在不同程度上会影响一国的产业组织安全。针对这些影响因素，可以总结出，要确保产业组织安全，要注意以下四个方面。

（一）做好产业损害界定是关键

在对外开放的市场经济条件下，企业间的兼并重组早已成为常态。在以往发生的跨国并购案中，由于被并购的对象是内资知名品牌，故每次并购过程都伴随着保护民族品牌的呼声。维护产业安全与保护民族品牌之间确有内在的联系，但不是产业损害界定的标准，将两者混淆会把我们引入误区。是否涉及产业安全，关键是看对产业健康发展、消费者利益、社会公共利益等构成损害与否，以及损害程度大小，不能狭隘简单地把保护民族品牌作为否决外资并购的出发点。同时，也要增强自主品牌保护意识，依法对跨国公司并购我国知名品牌企业进行安全审查，将防范关口前移。民族品牌保护最有效的办法是促使其成长壮大，通过参与国际竞争，成为走出国门的“国际品牌”。市场、资本、管理等国际化无可厚非，过度地保护“民族品牌”，反而不利于企业发展。随着国际产业转移，近年来中国的民族品牌和国际资本也在融合发展，有时难以界定性质。有竞争力才会有安全，作为企业，应立足于市场需要打造自己的品牌，树立自己的形象，像海尔集团的“海尔，中国造”定位一样，将品牌的民族形象深印在消费者脑中，使之不仅仅是商标或是标志，更是信誉的代名词，是一种文化与归属感，这样有实力的企业多起来，国家产业安全才会有保障。有人提出，原来是内资的企业，现在变成了外资控股或离岸注册的公司后，还要不要保护？从可口可乐收购汇源案的实践中可以看出，商务部否决收购并非从汇源是民族品牌这一角度来考虑问题，商务部相关人士也表示，可口可乐对汇源的收购，是两个外资企业之间的事。禁购裁决是基于可口可乐公司集国际饮料行业传统老大与战略投资者两重身份为一体，其收购行为会导致消费者利益和社会捍卫生活品质、推动产业升级、公共利益得不到保护，不利于市场公平竞争及中国果汁行业的健康发展。

（二）细化行业并购指导原则是基础

《反垄断法》认定三类行为属于垄断：一是经营者达成垄断协议；二是经营者滥用市场支配地位；三是具有或者可能具有排除、限制竞争效果的经营者集中。对第二项“经营者滥用市场支配地位”中如何才是“市场支配地位”，《反垄断法》第十九条做了规定：对“一是一个经营者在相关市场的市场份额达到二分之一的；二是两个经营者在相关市场的市场份额合计达到三分之二的；三是三个经营者在相关市场的市场份额合计达到四分之三的”情形之一的，可以推定经营者具有市场支配地位。但由于产业众多，各类产业特性不一，产业的集中度也不尽相同，有的产业集中度较高，有的则较低。在轻工行业中，家电、日化、造纸等行业集中度较高，但塑料、家具等行业集中度就较低。在执行反垄断法的实际操作中，并不是很容易判断出一个企业的行为是不是涉嫌垄断。因此，有必要按行业的自身特征细化各行业涉嫌垄断的标准；此外由于各产业在国民经济中的地位也不尽相同，有的行业外资多一些并不影响什么，但有的行业外资比重过大或者外资控制了龙头企业就存在较大隐患，所以，国家应该细分行业并购的指导原则，既防止外资并购损害国家产业安全，也要防止评审标准不清，过分限制企业的正常市场行为，影响企业做大做强。

（三）做好事前预警是重要措施

当前，受国际金融危机影响，世界经济处于渐渐恢复的阶段，国际产业正经历着一场重大格局演变。在这样一种形势下，既有世界经济全球贸易保护主义抬头的苗头，也有跨国公司借机垄断产业界获取高额利润的趋势，如此复杂多变的经济形势，使得采取切实措施维护产业安全十分必要。做好产业安全预警，防患于未然，是抵御经济风险、维护产业安全的重要措施。为此，商务部提出要运用国际通行规则，密切跟踪和科学预测世界经济走势对我国产业安全形势的影响，深入行业、企业进行专题调研，引导企业不断提高依法维权的意识和主动性，加大对一些重点、敏感产品安全的监测，充分利用产业安全数据库平台增强综合分析能力，及时发布预警报告，强化预警机制的预案预控作用，切实维护好产业安全。

（四）发挥行业组织作用是重要保证

相比于发达国家，我国维护产业安全的工作还处于起步阶段，存在企业数据信息及行业运行状态了解等基础工作不牢、尚未形成完备的法规体系、缺乏科学管理和相关人才等不足之处，很多时候是在出现重大案件或是危及产业发展时做一些亡羊补牢的工作，实现维护产业安全工作前置化的有效手段和方法还有待进一步提高。明确行业组织与产业安全工作的地位，发挥其作用具有重要意义。特别是当前“小政府大社会”行政管理体制下，政府难以完成庞大的产业安全维护工作，而行业组织具有熟悉行业、企业的优势，发挥其协调服务作用，也有利于保证公平、公正、合理、有效。商务部在贸易救济实践中已形成以贸易救济调查机关为主体，行业中介组织和地方商务主管部门为两翼的“一体两翼”工作机制，并取得初步成效。相信随着维护产业安全工作的不断实践，作为独立于企业、政府之外，又与之联系密切的行业中介组织的作用能够得到加强，从而为国家产业安全维护做出贡献。维护产业安全工作任重而道远，汇源收购案为产业安全工作提供了新的实践经验。国家各有关方面应根据 WTO 规则，进一步完善维护产业安全的相关法律、法规制度，不断总结在贸易救济方面出现的新问题、新情况，建立起全方位维护国家产业安全的体系。

第四章 产业组织安全评价

第一节 产业组织安全评价方法

在建立产业组织安全评价指标前，首先对产业安全评价指标体系做一简介，然后在此基础上设计产业组织安全评价指标体系。

一、构建产业组织安全评价指标体系的方法说明

任何系统都具有整体的形态、结构、边界和功能等，而且系统整体具有其他部分简单总和所没有的系统性。同时，系统还具有等级性，由不同的子系统组成，不同层次之间有着高低、上下、深浅、内外的区别，而各部分组成系统后则具有一定的功能。据此，在创建产业组织安全评价体系时，首先，根据产业组织安全的主要影响因素，构造指标体系的基本结构，即一级指标。其次，将描述这些影响因素的各项具体指标，分别列入相应的一级指标之下，作为二级指标，并建立起两级指标之间的逻辑关系。最后，从反映同一个影响因素的众多指标中挑选出具有代表性的指标，剔除那些与该代表性指标相关度过高的指标。

二、明确问题

自从 2001 年 12 月正式加入 WTO，我国国民经济与世界经济联系的深度和广度达到了新的水平，产业组织安全也面临着威胁。外资凭借技术、规模等垄断优势，通过兼并、收购和新建企业，挤压我国民族企业，挤占我国国内市场。外资在许多方面优于我国民族企业，因此它对某些行业甚至部分市场产生了垄断，中国产业组织安全面临一定程度的挑战。

三、确定系统边界

产业组织安全是指某一国家或地区的产业持续增长、产业内企业处于有效竞争的状态，这里的有效竞争是指建立在一定企业数量和企业规模基础上的竞争，可以引致企业活力和规模经济的双重效率。在开放经济中，产业组织安全也指一国或地区的产业组织有助于优化资源配置、有效抵御国外经济侵袭及提升产业国际竞争力等。

四、确定系统要素

影响产业组织安全的因素是多样的、复杂的，而确定评价指标体系的科学方法是从简单到复杂的认识过程。

（一）确定子系统

在明确问题的基础上，通过对研究问题的定性分析、文献阅读、调研与专家咨询等，首先运用因素分析方法，将产业组织安全的评价体系划分为4个子系统，即产业国内环境子系统、产业国际竞争力子系统、产业对外依存度子系统、产业控制力子系统。

（二）确定要素集

运用可拓学中的菱形思维模式对各子系统的要素集进行确定。本书运用共轭分析法对发散过程进行分析，之后再使用主成分分析法对收敛过程进行分析。

1. 发散过程分析

对事物结构的充分研究，有助于我们利用事物的各个成分及各成分之间的相互关系去处理矛盾问题。从事物的物质性、系统性、动态性和对立性去认识事物，可以更完整地了解事物的结构，从而能更深刻地揭示事物发展变化的本质。从这四个方面出发，可拓学相应提出实虚、硬软、潜显、正负四对概念来描述事物，将这四对概念称为事物的共轭部。根据事物的共轭性，利用物元和关系元作为形式化工具，对事物的实部与虚部、硬部与软部、潜部与显部、正部与负部这八个方面进行形式化分析。共轭分析法的思想是整体论与还原论相结合，为全面分析事物的结构提供了一个新的视角。

1）实部与虚部

从事物的物质性考虑事物的结构，任何事物都是由物质性部分和非物质性部分组成的，也可认为任何事物都是由事物的实部和虚部组成的。虚部是有价值的，它以实部为基础。对于产业组织安全来说，它的实部就是产业国际竞争力、产业对外依存度、产业控制力，是对“量”的反映；而虚部则是反映“质”的方面，对于产业组织安全来说，主要是产业国内环境。

2）硬部与软部

从事物的系统性考虑，可拓学把事物组成部分的全体称为硬部；事物与它的组成部分间以及与该事物以外的物之间的关系称为软部。对事物的研究，必须深入研究其内外关系，而不仅仅是研究其组成部分间的关系。硬部和软部是相互作用、相互影响的，就是所谓的“整体不等于部分之和”。就产业组织安全来说，其硬部是影响产业组织安全的各子系统的构成部分，即产业国内环境子系统、产业国际竞争力子系统、产业对外依存度子系统、产业控制力子系统；软部即为各子系统之间以及系统与外界环境之间的关系。

3）潜部与显部

从动态性的角度考虑事物，任何事物都是运动的，静止永远是相对的。可拓学把事物潜在的可以变化的部分称为潜部；显化的部分称为显部。研究事物的潜和显必须注意到量值存在潜在的与显化的，并且潜显在满足一定条件下是可以转化的。

4）正部与负部

从事物的对立性考虑事物的结构，任何事物都有对立的两个方面。在可拓学中，把事物关于某特征的量值取正值的部分称为正部；把事物关于某特征的量值取负值的部分称为负部。在产业组织安全评价系统中，有利于维护产业组织安全、促进产业组织优化和国民经济发展的要素归为正部；相反，对产业组织安全产生威胁、不利于产业组织优化，并对国民经济发展产生阻碍的要素归为负部。

依上所述，利用共轭分析法可以全面地分析所要研究的对象。产业组织安全分别从产业国内环境子系统、产业国际竞争力子系统、产业对外依存度子系统、产业控制力子系统的物质性、系统性、动态性和对立性出发，生成能够较完整地反映各子系统的初始系统要素集。

2. 收敛过程分析

根据可拓学的分析方法，将影响产业组织安全的众多要素挑选出来，汇集成表，但这些要素种类繁多，且对产业组织安全的影响程度不一，有的因素对产业组织安全影响较大，有的则影响较小，运用多元统计分析中的主成分分析法，选取系统中解释性较强的若干主要要素。主成分分析法是研究如何通过少数几个要素来解释绝大多数信息的一种多元统计方法。主成分分析法认为系统是相互关联的，只要抓住系统的几个主要的要素状态就能够把握系统的全局，这几个主要要素可反映问题的综合指标。

五、建立系统的结构模型

根据前文所述，提出产业组织安全评价的系统结构模型，如图 4-1 所示。

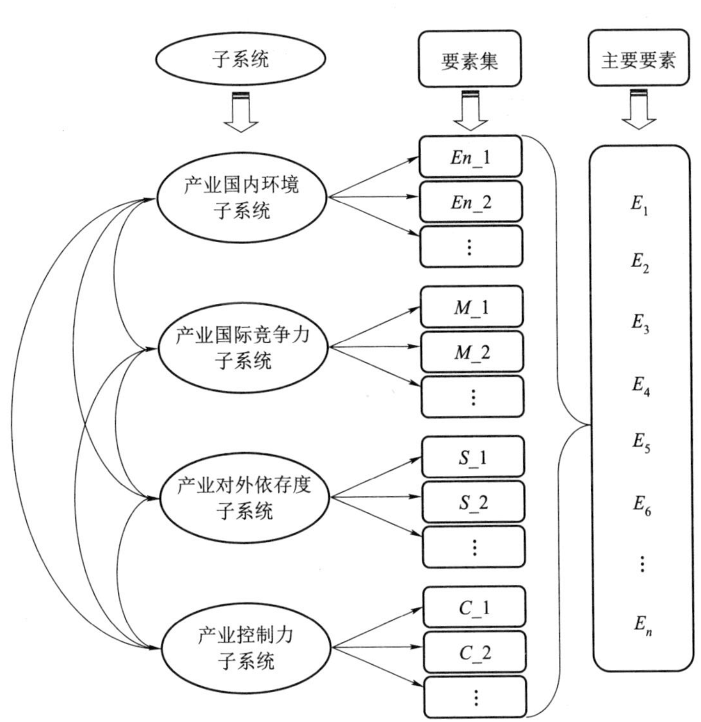

图 4-1　产业组织安全评价的系统结构模型

图 4-1 的 4 个子系统，离散出很多要素。在选定要素集之后，采用相关统计数据，运用主成分分析法，对要素进行筛选，最终选出具有代表性且对产业结构安全影响较大的主要要素。

第二节 统计口径处理

一、产业口径对应

本节所用数据主要来自于历年的《中国经济年鉴》和《中国统计年鉴》及一些统计公报和报表，由于相关数据来源的统计口径不一致，本节内容统一按《中国统计年鉴 2004》的统计口径进行处理，其对应关系见表 4-1。其中："主要行业"为《中国统计年鉴 2004》的行业分类，"主要产品"为《中国经济年鉴》及相关统计公报和报表上数据的统计分类。本章研究的主要是第一、二、三产业及其各自下属的农林牧渔业，采矿业，制造业，交通运输、仓储和邮政业，金融业，科学研究、技术服务和地质勘探业，所以表中对应内容只列出了这几个产业。

表 4-1 统计口径处理表

产业	主要行业		主要产品
第一产业	农林牧渔业		（1）食品及主要供食用的活动物；（2）饮料及烟类；（3）非食用原料；（4）动植物油脂及蜡
第二产业	工业	采矿业	矿物燃料、润滑油及有关原料
		制造业	（1）化学品及有关产品；（2）轻纺产品、橡胶制品、矿冶产品及其制品；（3）机械及运输设备；（4）杂项制品
		电力、燃气及水的生产和供应业	
	建筑业		

续表

产业	主要行业	主要产品
第三产业	交通运输、仓储和邮政业	（1）运输；（2）通信服务
	信息传输、计算机服务和软件业	
	批发和零售业	
	住宿和餐饮业	
	金融业	（1）金融服务；（2）保险服务
	房地产业	
	租赁和商业服务业	
	科学研究、技术服务和地质勘探业	（1）计算机和信息服务；（2）专有权利使用费和特许费；（3）咨询
	水利、环境和公共设施管理业	
	居民服务和其他服务业	
	教育	
	卫生、社会保障和社会福利业	
	文化、体育和娱乐业	
	其他	

二、数据处理

（一）汇率换算

本节内容统一按当年的汇率进行换算。

（二）有关的资本问题

本节内容所涉及的资本数额都是指登记注册企业的注册资本数额，不包括未登记注册企业的资本和债务资本。

（三）有关数据的说明

本节指标计算中涉及三大产业相关年份国内生产总值的数据，采用的是国家统计局于 2006 年 1 月公布的“关于我国国内生产总值历史数据修订结果的公告”上的修订数据。由于各细分行业的国内生产总值的修订数据结果并未公布，涉及三大产业下属的细分行业国内生产总值仍采用修订前的数据。

第三节 产业组织安全评价指标体系及指标说明

产业组织安全评价指标体系是在探析影响产业组织安全的主要因素的基础上，结合产业组织安全评价指标体系的构建原则，建立的评价产业组织安全的系统体系。

一、产业国内环境子系统

一个产业的国内生存环境是该产业赖以生存的基础。广义上的产业环境不仅包括产业组织自身的状况，也包括影响产业发展的各种因素，如自然地理因素、宏观经济因素、政治法律因素和社会文化因素等。但是从研究产业安全问题角度出发，本文所描述的产业环境是指影响一个产业生存和发展的产业金融环境、产业生产要素环境、产业市场需求环境和产业政策环境。因此，产业环境评价指标体系应该包括产业金融环境评价、产业生产要素环境评价、产业市场需求环境评价和产业政策环境评价。

（一）产业金融环境评价

资本效率、资本成本和换汇成本是产业安全评价指标体系中产业金融环境评价的三个指标。这里在设计产业组织安全评价体系时，产业组织国内环境评价指标要做一些修正。

首先，应该去掉“换汇成本”指标。换汇成本是一个企业层面的概念，虽然理论上可以采取加权平均的方法计算出产业的换汇成本，但它仍然是产业的内生变量，而不是“环境”。

其次，资本效率是指产业内企业获得资本的难易程度，衡量的指标是资本的硬性成本。这一指标，就中国而言，在宏观层面上，取决于中国的要素禀赋状况和货币政策；在中微观层面上，取决于中国的产业政策和企业身份：国家支持的产业、国有企业更容易获得资本，包括获得银行信贷、进入股票市场和获得风险资本。事实上，如果中国的上述方面实现了市场化，资本效率的量化可以仿照 WTO 谈判中的非关税措施关税化方法，由资本成本所取代，故这个指标也取消。

故这里只保留资本成本指标。资本成本是产业内企业筹集和使用资本需要付出的代价。企业的生存和发展需要资本的支持，无论企业是依靠内部资金积累，还是从外部获得资本，无论是通过银行借款，还是通过资本市场发行股票或债券，都存在一个资本成本的问题。如果资本成本太高，会使本具有竞争力的企业背上沉重的负担，影响产业的生存，它可以用短期实际利率来衡量。

需要说明的是，在资本成本指标用利率来衡量时，必须考虑到我国的银行利率不是市场化利率，银行信贷利率不能反映国有企业和国家支持的特定非国有企业外的企业获得资本的真实成本。真实成本可能比市场化利率还要高（因为地下钱庄的非法性所产生的风险、缺失民间银行导致的资本供给缺口），而市场化利率必定高于现行的银行信贷利率但低于现行的地下钱庄利率和典当行利率。简言之，这个指标保留且含义不变，但对获取的数据准确性需有清醒的认识。

（二）产业生产要素环境评价

1. 劳动力素质

劳动力素质是指劳动力的综合素质，不仅包括生产技能、文化专业知识，还包括政治思想、职业道德等。它可以根据国内产业间工资的相对水平来衡量。因为国内产业间工资相对水平的比较决定了国内优秀人才的去向，较高的工资水平更有利于吸引优秀人才。

关于劳动力素质的评价，除了可以根据《中国劳动统计年鉴》《中国行业报告》的数据，还可以根据 IMD《国际竞争力年鉴》的评价结果来进行国际比较。

2. 劳动力成本

全球经济研究和政府企业咨询机构牛津经济研究院有研究结果显示：2016 年中国制造业的劳动力成本已接近于美国，而两国之间单位劳动力的生产率相差悬殊，没有改变。

3. 资源要素

广义的资源要素包括人力资源、天然资源、知识资源、资本资源和基础设施。这里的资源要素特指狭义资源要素，即天然资源禀赋；这个范畴包含先天资源的充沛与否及其质量优劣、土地价格、水力、矿藏、林产、水力发电、渔场及其他有形资源。另外，气候、国家的地理位置和面积也会影响到它对市场、供应、运输成本、文化与商业间的适应性。

4. 相关及供给产业的竞争力

供给产业是指为某一产业内的企业提供原材料和零部件等的产业。一个国家因为相关产业彼此牵动也会刺激产业的竞争力上升；由于关联产业具有由上而下的扩散过程，从而使下游产业在来源上具备及早反应、快速、有效率甚至低成本等特点；所以，健全的相关产业和支持性产业及其竞争力对于提高产业安全度是一项重要的影响指标因素。供给产业竞争力强，就可以为产业内企业快捷、高效、稳定地提供原材料等。它可以用供给产业的贸易专业化系数、出口绩效相对指数等来衡量。

5. 相关知识资源状况

它反映相关科学技术对产业生存的支持状况，可以根据产业内企业研究开发费用占生产总成本的比重或者国内该产业领域专利拥有量与世界拥有量之比来衡量。

（三）产业市场需求环境评价

产业市场需求环境主要是指国内产业市场需求条件。国内市场的各种条件可以彼此强化，并在产业的各个演化阶段中发挥其特有的重要性。但是国内市场需求条件最大的贡献在于，它可以为企业发展、持续投资和创新提供动力，并在日趋复杂的产业环节中建立企业的竞争力。比起由市场规模而来的短暂优势，由国内市场需求条件产生的竞争优势更具有决定性、更能长久延续。不仅可以帮助产业在一开始就建立优势，还可以帮助产业强化或维持既有的竞争力。因此，产业市场需求环境对于一国产业安全状况是一个重要的评价指标。

1. 国内市场需求量

国内较大的市场需求量可以刺激产业内企业针对大规模的设施、技术开发和产量的提高进行巨额投资，这对于具有贵重的研发设备、存在规模经济和技术差距以及较高的不确定性等特征的产业的生存至关重要。它可以根据经济增长、人口等因素进行预测。

2. 国内市场需求增长率

预期的、较高的国内市场需求增长率可以促使产业内企业更快地采取新技术，采用大型、高效的设备提高技术水平和产量，这对于产业的生存非常有利。它也可以根据历史数据以及经济增长、人口等因素来预测。

评价思路：关于市场需求环境一般先分析评价产业国内市场需求状况，包括产业总产值、总销售额、出口交货值，并由此计算出国内市场需求量和国内市场需求增长率。通常情况下，国内市场销售额和国内市场需求量有正相关关系；以历年国内市场需求量、国内市场需求增长率的数据为基础，选取近期某一时间段的数据集对产业国内市场进行回归分析，推算出未来5～10年国内市场需求量和国内市场增长率，由此可以分析产业国内市场的需求潜力。

（四）产业政策环境评价

基于产业安全角度的产业环境评价是为了服务于产业政策的安全。产业政策安全是指一国政府能够维持自己对本国产业发展政策的独立性、及时性和准确性；也即主权国家能够根据本国产业发展实际情况和国际经济形势的变化，独立、及时、准确地进行产业决策，从而保证本国产业健康、稳定、持续的发展。而产业政策的安全又取决于产业政策目标的正确性和利用政策手段的有效性。

由于影响产业政策安全的产业政策环境因素如社会经济状况、体制和制度条件、国际环境、目标的正确性、手段的有效性等不具备可测性，也很难选取具有相关性的可测二级评价指标，因此，在产业安全评价体系的构建中，关于产业政策环境只给予定性分析，不做定量评价。

二、产业国际竞争力子系统

维持产业的生存空间不是指国内产业产销量不变或略有增长，而是指国内产业的产销量应该至少不慢于国外产业产销量的增长。只有这样，国内产业才能保持创新和发展的能力，其生存空间才能真正地得以维持。而维持产业一定的生存空间，要求产业具有一定的国际竞争力。产业国际竞争力指标体系包括以下8个指标，如图4-2所示。

（一）产业国内市场占有率

该指标反映国内产业在国内市场上的竞争力状况，其份额越大，表示其在国内市场上的竞争力越强。它可以用某产业在国内市场上的销售额与国内市场全部销售额之比来衡量。

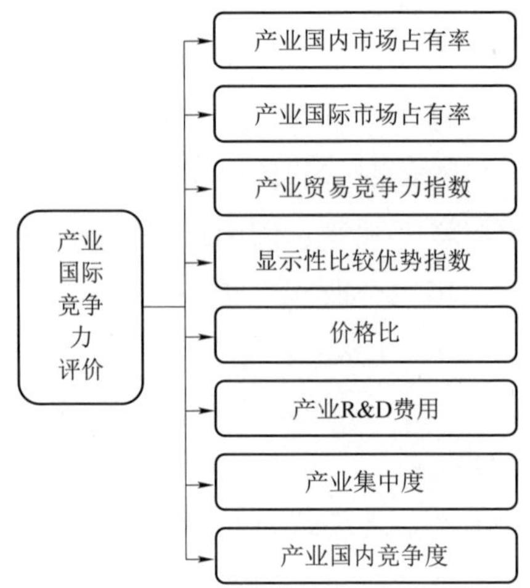

图 4-2 产业组织国际竞争力评价子系统

（二）产业国际市场占有率

该指标反映国内产业在国际市场上的竞争力状况，某产业的国际市场占有率越大，表明该产业在国际市场上的竞争力越强。产业国际市场占有率可以用一国某产业的出口与世界该产业出口总额之比来衡量。计算公式见式（4-1）。

$$S_i = \frac{X_{it}}{X_{wt}} \tag{4-1}$$

式中：

S_i ——某国某种产品的国际市场占有率；

X_{it} ——某国某种商品的出口额；

X_{wt} ——世界某种商品的出口额。

评价思路：为了对产业的国际市场占有率进行比较详尽的分析，通常要计算该产业在世界市场的占有率、在该产业主要进口国的市场占有率，并进行该产业世界市场占有率的国际比较。

（三）产业贸易竞争力指数

产业贸易竞争力指数，也称为进出口指数或贸易专业化系数，或叫产业国际竞争力指数，该指数反映产业的国际竞争力大小，可以用一国某产业的净出口与该产业进出口总额的比值来衡量。见式（4-2）。

$$C_i = \frac{X_i - M_i}{X_i + M_i} \tag{4-2}$$

式中：

C_i ——某产业的竞争力指数；

X_i ——某产业的出口值；

M_i ——某产业的进口值。

竞争力指数的取值通常落在-1～+1 之间。

（1）C_i <0，表明该产业缺乏竞争力或处于比较劣势：

如果竞争力指数 C_i >-1，说明该产业属于进口主导型产业，进口额很大，而出口额却很小，产业的国际市场竞争力很弱；

如果竞争力指数 C_i =-1，说明该产业为完全进口产业，产业的出口为零。

（2）C_i =0，说明该产业为贸易平衡型产业，产业的进口额和出口额基本持平，国与国之间是纯粹的产品交换，说明双方因产品差异化而各有竞争优势，称之为中性竞争力或中性比较优势。

（3）C_i >0，则表明该产业具有竞争力或处于比较优势。

C_i >+1，则该产业属于出口主导型产业，出口额很大，进口额相对较小，表明该产业在国际上具有较强的竞争力。

如果 C_i 在（0，1］区间，则该数值越高，表明产业的国际竞争力越强，反之越弱。

评价思路：首先计算并分析该产业整体的贸易竞争力指数，其次根据产业的主要构成分别计算贸易竞争力指数并进行国际比较，最后，在综合分析的基础上做出评价结论。

（四）显示性比较优势指数

显示性比较优势指数（revealed comparative advantage index，RCA 指数），是美国经济学家贝拉·巴拉萨于 1965 年在测算部分国家贸易比较优势时首先采用的一种指标，后被世界银行等国际组织普遍采用。RCA 等于一国某产业出口额占其出口总值的份额与世界该产业出口额占世界出口份额的比率。见式（4-3）。

$$\mathrm{RCA}_{ij} = \frac{X_{ij}/X_{it}}{X_{wj}/X_{wt}} = \frac{X_{ij}/X_{wj}}{X_{it}/X_{wt}} \tag{4-3}$$

式中：

RCA_{ij} ——i 国第 j 商品的显示性比较优势指数；

X_{ij} ——i 国第 j 商品的出口额；

X_{it} ——i 国所有商品的出口总额；

X_{wj} ——世界第 j 种商品的出口总额；

X_{wt} ——世界所有商品的出口总额。

一般而言，如果某一产业显示性比较优势指数 RCA≥2.5，则该产业具有极强竞争力；1.25≤RCA<2.5，表明该产业具有比较强的竞争力；0.8≤RCA<1.25，表明该产业具有中等竞争力；RCA<0.8，表明该产业不具有竞争力。

（五）价格比

一个产业产品的价格低表示其具有较强的国际竞争力，它可以通过比较国内市场产品的价格与国际或国外市场产品的价格来进行评价。

（六）产业 R&D 费用

产业 R&D 投入的不断增加和保持 R&D 的适度规模，有利于支持产业技术进步，大大提高产业的国际竞争力和产业安全度。

由于技术进步和创新在国际竞争中发挥着日益重要的作用，因而产业的 R&D 费用支出的多少预示着产业未来国际竞争力的强弱。它可以用产业 R&D 费用的绝对值或产业的国际横向比较来衡量。产业 R&D 费用较高，则该产业的国际竞争力较强。

（七）产业集中度

产业世界市场份额和产业国内市场份额仅是从总体上反映产业的国际竞争力状况，而没有从产业的组织方面来反映。产业集中度这一指标则是从产业的内部组织来反映产业的国际竞争力状况。如果产业集中度大大提高，即使总体上产业的世界或国内市场份额都没有改变或略有下降，产业的国际竞争力状况也可能得到提高。因为产业内单个企业的市场份额提高了，其创新和发展的能力也会得到相应的提高，它可以用产业内最大几家企业的销售额与产业总销售额之比来衡量。

（八）产业国内竞争度

这也是一项反映产业国际竞争力长期变化趋势的指标。激烈的国内竞争会促使产业内企业努力改进和创新，积极地拓展海外市场。因此，产业国内竞争度高有利于产业内企业增强其国际竞争力。它也可以用有相当竞争力的产业企业的数量来衡量。

三、产业对外依存度子系统

产业对外依存度主要是指产业在出口、进口、资本、技术等方面的对外依赖程度，主要包括产业出口对外依存度、产业进口对外依存度、产业资本对外依存度、产业技术对外依存度、产业出口对外资企业依存度，见图 4-3。

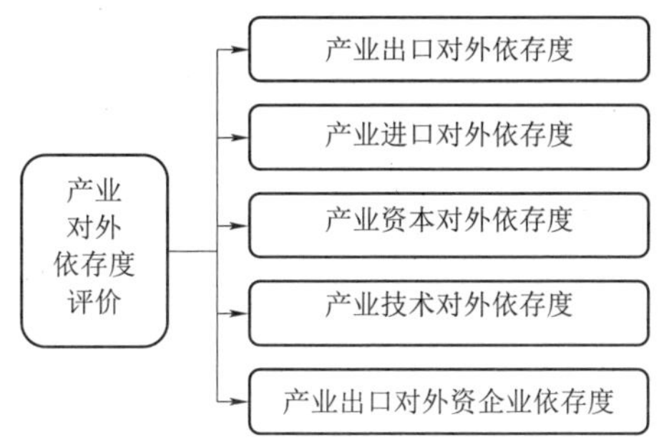

图 4-3　产业组织对外依存度评价体系

（一）产业出口对外依存度

该指标反映国内产业的生存对产品出口的依赖程度。它可以用国内产业当年出口的金额与产业当年的总产值或总销售额之比来衡量。产业出口对外依存度越高，产业受跨国因素影响越大，产业的生存安全度越低。

（二）产业进口对外依存度

该指标反映国内产业的生存对进口的原材料、零部件等的依赖程度。它可以用国内产业当年进口的原材料、零部件等的金额与产业当年的总产值或总销售额之比来衡量。产业进口对外依存度越高，产业受跨国因素的影响越大，产业的生存安全度越低。

（三）产业资本对外依存度

该指标反映国内产业的生存对外国资本的依赖程度，它可以用当年年末产业国外资本存量与产业总资本存量之比来衡量。

（四）产业技术对外依存度

该指标反映国内产业的生存对国外技术的依赖程度，它可以用当年全部引进技术项目的产值占当年产业总产值之比来衡量。

在评价产业组织安全时需要对产业技术对外依存度做一修正，改为“技术引进经费/（技术引进经费+研发投入经费）”。

（五）产业出口对外资企业依存度

随着三资企业出口比重的不断提高，产业出口对外资企业的依存度也逐渐成为产业安全发展应该分析和评价的重要指标。

产业出口对外资企业依存度可以用外资企业出口总额占产业出口总额的比值来表示，见式（4-4）。

$$\text{产业出口对外资企业依存度} = \frac{\text{外资企业出口总额}}{\text{产业出口总额}} \times 100\% \qquad (4-4)$$

四、产业控制力子系统

产业控制力评价主要是反映外资对一国某产业的控制程度及由此给产业的生存和发展安全造成的影响。它主要反映外资对市场、品牌、股权、技术、经营决策权等方面的控制程度，这类指标是用外资控制率来衡量的，包括 7 个指标，见图 4-4。

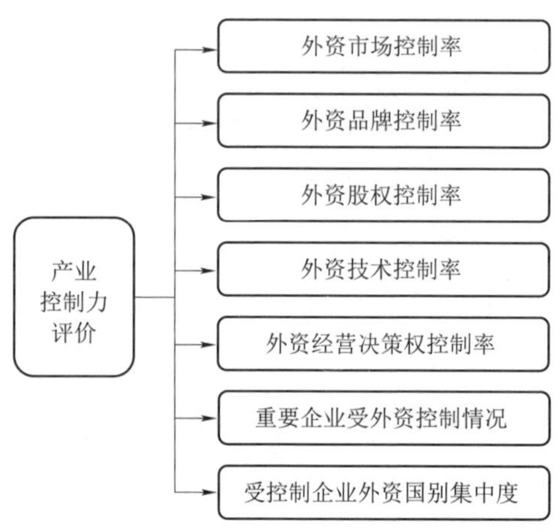

图 4-4　产业组织控制力评价体系

（一）外资市场控制率

该指标反映外资控制企业对该产业国内市场的控制程度。它可以用外资控制企业国内市场份额与国内该产业总的市场份额之比来衡量。其中外资控制企业包括外资股权控制企业、外资技术控制企业、外资经营决策权控制企业。外资市场控制率越高，国内产业发展受影响的程度越大。

市场控制率的计算方法为特定产业的进口额加上外资企业的相应数值与该产业国内市场全部产品销售总额（=进口商品额+国内该产业产品销售收入或主营业务收入）之比，即不再限于市场外资控制率，而是外商市场占有率。这样处理的结果，即外商市场控制率，把已有研究中忽略的进口部分纳入了分析内容。当然，这样处理增加了数据获取和处理上的困难。因为进口是按照产品统计的，而市场控制率中的分母——产业销售额是按照产业统计的，需要采取合适的方式将产品进口额转化为产业进口额。

（二）外资品牌控制率

该指标反映国内产业市场外资品牌控制程度，它可以用外资品牌市场份额与国内产业总的市场份额之比来衡量。外资品牌控制率越高，产业安全受影响的程度越大。

（三）外资股权控制率

该指标从股权角度反映外资对国内产业的控制情况。一般来讲，单个企业外资股权份额超过 20% 即达到对企业的相对控制，超过 50% 即达到对企业的绝对控制。它可以用外资股权控制企业产值与国内产业总产值之比来衡量。该比率越高，产业发展安全受影响的程度越大。

（四）外资技术控制率

产业外资技术控制率用国内产业外资（外商直接投资）的研发费用、拥有发明专利或新产品产值与该产业国内的全部相应数值进行比较。技术控制率主要是指在一国经济中，特别是新兴产业中，产品的研究与开发技术由外商控制部分所占的比率，单独考虑这一指标时，可以包括产业技术对外依存度和产业外资技术控制率。

（五）外资经营决策权控制率

该指标从经营决策权角度反映外资对国内产业控制的情况。单个企业董事会中，外方董事超过 59% 即达到对企业经营决策权的控制。它可以用外资经营决策权控制企业产值额与国内产业产值总额之比来衡量。该比率越高，国内产业发展安全受影响的程度越大。

（六）重要企业受外资控制情况

有时从总体上看外资市场控制率、品牌拥有率、股权控制率、技术控制率和经营决策权控制率都不算高，但是外资控制了产业内某个重要企业，也可能对产业的发展安全产生重要影响。使用该指标首先要从国内产业中分析是否存在市场、技术等方面具有重要影响的企业；其次分析该企业是否受外资控制，外资从哪些方面实施了控制以及控制的程度如何；最后给出综合评价值。评价值越高，产业发展安全受影响的程度越大。

（七）受控制企业外资国别集中度

该指标反映国内产业发展受外资的母国政府影响的情况，它可以用受国外某个国家控制的企业的产值占本国国内产业总产值的比率来衡量。集中度越高，国内产业受外资母国政府影响的可能性越大，产业发展安全受影响的程度也就越大。

第四节　产业组织安全评价的权重估计方法

在构建一套完整的产业组织安全评价指标体系的基础上，通过构建产业组织安全评价模型以及对指标进行赋权和赋值就可以得出产业组织安全度。

一、构建评价模型

关于产业组织安全评价模型，借鉴全球最具权威性的关于产业国际竞争力的研究机构瑞士洛桑国际管理发展学院（International Institute of Management，IMD）和世界经济论坛（World Economic Forum，WEF）在整合国际竞争力的多指标体系时所采用的方法。目前学术界关于经济安全和产业安全的研究文献大都是以这一方法来整合相关的指标变量，并以此为基础进一步构建评价模型。

产业组织安全评价模型见式（4-5）。

$$S = \alpha X + \beta Y + \gamma Z + \delta W \tag{4-5}$$

式中：

S——产业组织安全度；
X——产业国内生存环境评价值；
Y——产业国际竞争力评价值；
Z——产业对外依存度评价值；
W——产业控制力评价值。

α、β、γ、δ 分别为一级指标的系数，为专家评估权值。

$$X = \sum a_i x_i \quad (4-6)$$

$$Y = \sum b_j y_j \quad (4-7)$$

$$Z = \sum c_k z_k \quad (4-8)$$

$$W = \sum d_l w_l \quad (4-9)$$

注：i，j，k，l 取值为 1，2，3，…，n。

x_i、y_j、z_k、w_l分别为各一级指标下的二级指标，而其前面的系数 a_i、b_j、c_k、d_l分别为对应指标的权值。

将式（4-6）～式（4-9）代入式（4-5）即可得

$$\begin{aligned} S &= \alpha X + \beta Y + \gamma Z + \delta W \\ &= \alpha \sum a_i x_i + \beta \sum b_j y_j + \gamma \sum c_k z_k + \delta \sum d_l w_l \end{aligned}$$

其中：$\alpha + \beta + \gamma + \delta = 1$；$\sum a_i = 1$；$\sum b_j = 1$；$\sum c_k = 1$；$\sum d_l = 1$。

根据以上公式，就可以定量地计算出整体的产业组织安全度，但必须合理地对各个指标赋权值。

二、赋值

赋值是指对构成评价体系的二级指标，根据其评价结果给予相应的评价值。把各项二级指标的评价结果分为：很好、较好、一般、较差、很差；然后按百分制分别给予相应的评价值：90、70、50、30、10。

三、赋权

我们使用多指标变量加权平均的方法来整合产业安全的评价指标。所谓赋权，是指对一级指标赋权，以及对反映同一个一级指标的二级指标赋权。

首先，给反映同一个一级指标下的二级指标赋权；对于同一个一级指标下的所有二级指标，认为其重要性大致相同，因此我们赋予相同的权重，但同一个一级指标下的所有二级指标权重之和为 1。

其次，对一级指标赋权，即对产业国内环境、产业国际竞争力、产业对外依存度和产业控制力分别赋予一定的权重，四者权重的和等于 1。

我们按重要性程度对一级指标赋予相应的权重。对于各一级指标来说，由于目前存在 WTO 以及其他有关的双边或多边协议的约束，各国产业是否安全主要看其国际竞争力，因而产业国际竞争力类的指标的重要性最强。就外资控制的威胁来说，与外国产品冲击相比，其对产业安全的影响则要弱一些，为了避免外国产品的冲击还必须将一些控制力让与外资，以改善产业国内环境，因而我们认为产业控制类指标和产业国内环境类指标的重要性相同。就产业对外依存度类指标来说，虽然目前存在 WTO 以及各种双边或多边协议，各个国家在这个相互依赖的世界经济体系中也不会不考虑到自身的利益，但是，各种政治、经济和金融危机发生的可能性依然存在，我们认为，这类指标与产业控制率类指标、产业国内环境类指标的重要性也大体相同。因此，我们对产业国内环境、产业国际竞争力、产业对外依存度和产业外资控制率 4 类指标的赋权分别为 0. 2、0. 4、0. 2 和 0. 2。

第五节　产业组织安全的结果输出

首先，用二级指标加权求和分别得出 4 个一级指标的值，再将 4 个一级指标的值加权求和得出产业组织安全度的评价结果。

当评价结果的数值，分别落在区间（85，100]、(65，85]、(45，65]、(25，45]、[0，25] 时，将产业组织安全分别界定为很安全、安全、基本安全、不安全、很不安全。

第五章 产业组织安全维护的国际借鉴

第一节 美国的产业组织安全维护

作为最成熟的市场经济国家，美国在经济发展过程中，根据本国经济发展和国家经济利益的需要，制定产业发展和保护政策，是维护产业安全较为成功的国家之一。美国既是经济全球化的积极推动者，又是积极的贸易保护者。总的来看，美国维护产业组织安全的实践和经验主要表现在以下几个方面。

一、通过立法确保国内产业不受损害

美国在维护产业安全方面最显著的一个特点就是立法。从 1890 年《麦金莱法案》、1897 年《丁利关税法》、1930 年《斯穆特·霍利关税法案》、1934 年《互惠贸易协议法》、1962 年《贸易扩展法》、1974 年《贸易法》、1979 年《贸易协议法》、1988 年《综合贸易与竞争法案》、2006 年《美国反倾销条例》等名目繁多的立法来看，美国相关的立法工作一直是服务于不同时期国家产业发展和产业安全的现实需要，并不断根据情况变化及时作出调整。为保证本国产业不受损害，其立法在确保与国际组织规则大体一致的前提下，又具有一定的独立性，如《综合贸易与竞争法》的“超级 301 条款”就授权美国政府单方面对有损本国产业安全的行为加以限制，并可以采取广泛的报复措施。

二、以行业协会为主体进行标准制定

在美国政府为保护国内产业所采取的保障措施和反不公平贸易措施的决策程序中，行业协会的作用是不容忽视的。一定程度上，它们不仅仅扮演了

立法协助者的角色，还成为决策舞台上最活跃、最具创造性的演员。随着美国产业界认识到技术标准可以成为国际市场竞争中的无形壁垒，即开始以企业协会为主体，以产业界自律、自治为特征的大规模标准制定工作。标准制定以自愿加入、自由竞争为运作形式，政府一般并不干预技术标准的制定，也不强制技术标准的执行，而只是对相关标准进行扶持，帮助其推广到国际市场。由于美国是许多标准的制定者，其在开展国际经济活动，特别是创造有利于自身利益的国际贸易条件方面占据了较大优势，这一方面为美国产品进入国外市场提供了便利，另一方面则为外国产品进入美国市场设置了重重门槛，成为当前美国维护本国产业安全的最有效手段之一。

三、对重点产业实施分门别类的保护措施

长期以来，美国对产业安全一直采取攻守兼备的应对措施，既利用在技术、资金方面的比较优势，在其具有国际竞争力的产业领域内推行自由贸易，对外进行产业渗透与扩张，同时为防止全球化对相关产业的冲击，根据不同情况实施相应的保护措施。例如，农业是美国较为发达的传统产业，但在其整体经济中却处于弱势。由于靠天吃饭的状况未根本改变，旱灾和洪涝经常导致农业歉收，国际市场价格波动也不时对农民收入造成冲击。因此，美国政府长期实施保护性的农业税收政策。根据新实行的新农业法，美国2002—2012 年间对农业实施的各种补贴和财政支持总额达 1 900 亿美元。从农业收费方面来说，除政府按照国家统一的所得税及其他税法向所有纳税者普遍征收的税费外，农民基本上没有其他必须缴纳的费用，农业的税种相对较少且税收额低。此外，还设置了许多不同种类的税务优惠项目，为农业生产及农业投资等提供帮助。

四、严格加强对外国投资的管理

尽管美国原则上支持资本自由流动，但出于维护产业安全考虑，对在美国的外国投资有一系列的管理办法，以限制外国人对美国的投资能力。美国专门成立了外国投资委员会和外国投资办公室，负责对在美国外资的管理工作。其中，由 8 个联邦机构负责人任成员、财政部长任主席的外国投资委员会负责分析外国在美国投资发展的现状和趋势，考察外资注入是否符合美国

利益，并向国会提供有关外资管理的立法和有关议案。目前，美国政府对外国投资的设限领域涉及农业、矿产、建筑、能源、通信、传媒、航空、水利、保险、证券等许多产业。

五、大力鼓励高新科技产业的发展

为在新一轮的国际竞争中赢得更大优势，美国十分重视高新科技产业的发展，形成了以大学和科研机构等为研发基础，以政府多项政策推动、资本市场投入为支撑和有助于产业发展的法规体系共同组成的多层次科技促进体系。该体系的第一个层次是组成专门的领导协调机构，美国白宫、国会和州政府设有专门委员会跟踪高新科技的最新发展，研究制定相应的财政预算、管理法规和税收政策。第二个层次是制定一系列旨在保护和鼓励高新科技发展的政策和法律，形成对知识产权、技术转让、技术扩散等强有力的法律保护。第三个层次是通过多种融资形式实现对高新科技产业的扶持，其中包括联邦拨款或资助、州政府拨款或资助、大公司出资、成立基金会、贷款、风险投资等。

此外，政府还拥有包括培训、设施和研究资源整合、技术开发及商品化等大量的支持项目。在对高新科技产业进行扶持的过程中，政府不断校正和调整研发投入结构，通过减免高新技术产品投资税、高新技术公司税、财产税、工商税等税收优惠措施间接刺激投资。许多州还成立了科学技术基金会、研究基金会、风险投资基金会等，为高新技术产品开发提供资助。在一系列优惠政策的带动下，美国企业也加大了对高新科技产品的投入力度。目前，以大公司为代表的民间高新技术研发投资总额已超过政府资助，并发挥越来越大的作用。

第二节　日本的产业组织安全维护

日本是充分利用贸易、外资政策和产业政策，并通过技术引进和消化吸收、再创新，实现产业经济国际竞争力大幅度提升的典型代表。日本在维护产业安全、提升本国产业国际竞争力方面的实践和经验主要表现在以下几个方面。

一、对贸易和外资严格进行管理

日本是最严格地实行贸易保护政策的国家之一。它的产品大量涌向其他国家，而本国则对外紧闭市场。日本经济的高速发展也是在超保护贸易的政策下实现的。第二次世界大战后，日本一贯的贸易政策是保护产业、扶植出口，其具体措施经历了从以管制措施为主到以关税措施为主，再到以非关税措施为主三个阶段。目前，日本强化了非关税贸易保护措施，主要体现在三个方面：一是制定国内税，使外国产品在日本市场上处于不利地位；二是实行严格的技术标准和检查；三是制定行业规定，限制外商。由于日本是最早有意识地制定产业政策的国家，故其利用外资的方式、规模、行业分布、管理模式亦随其政策及经济发展的各个阶段而变动。在第二次世界大战后相当长的时期内，日本以利用间接投资为主的方式，使得外商难以取得对本国企业的控制权。同时，日本还注意使外资与产业政策相结合。由于其主要吸收的是间接投资，因而将大部分外资投放于优先发展的产业，如在产业合理化阶段时，外资大多投放在石油工业、化学工业、机械工业、钢铁工业和重化工业部门。相反地，外来的直接投资却严格限制投向重化工业等尚未强大的战略产业，以此来保护本国民族工业。此外，日本对外资在地区选择上进行了严格的法律限制。东京、大阪等过度集中的“迁移区”一般不允许外资企业介入。而对远离这些地带的地区，政府给予了税收、补贴和特殊贷款等方面与国内投资者一视同仁的优势，以此刺激地区经济的发展以及日本工业区域分散化经营。

二、完善产业管理体制的产业政策立法

进入 20 世纪 60 年代，日本经济在各方面已具备了产业结构高度化、出口产品重工业化、经常性收支的持续增长、贸易与资本的自由化等先进国家的特征，而产业结构的高级化需要有完善的产业管理体制来实现产业的不断升级，以适应国际竞争的要求。这期间，在提高基础产业的综合供应能力方面，日本政府先后制定了《石油业法》《电气事业法》《综合能源调查会设置法》《动力炉、核燃料开发事业团法》《煤炭矿业再建完善临时措施法》等产业政策法。这些法律对高速发展的日本经济在加强基础产业建设，保障

能源供给，保护民族资本、旧产业向新产业的平稳过渡方面均发挥了重要作用。在培育新产业方面，继续实施20世纪50年代所制定的有关个别产业的临时振兴法，如《振兴机械工业临时措施法》《振兴电子工业临时措施法》《振兴航空机械工业法》等产业政策法，为这些产业的进一步发展提供了保障条件。而且在振兴产业临时措施法的思想指导下，发起和培育了日本的计算机产业，如日本计算机股份有限公司就是在政府的扶持下，由6家企业共同投资，通过购买国外设备而设立的。通过以上产业政策法的贯彻实施，基本实现了这一时期完善日本产业管理体制、提升产业竞争力的产业政策法立法目的。

三、重视先进技术的引进和消化、吸收、再创新

日本是世界上引进技术最积极的国家之一。只要引进技术的好处大于本国研究，就坚决引进，而且他们还十分重视引进后的消化、吸收和再创新工作，使之发挥更大的效益。第二次世界大战结束后，日本的技术比世界先进水平落后20～30年。日本从引进技术成果入手，并在应用中吸收、提高和创新，建立本国自主的科技体系和企业制度，仅用约20年时间就走完了欧美主要发达国家半个世纪所经历的过程。日本的技术引进主要有以下特点。

（1）通过技术引进来提高本国整体技术水平。日本在技术引进上只用技术投资的25%，却完成了工业主体技术的70%。第二次世界大战后15年，日本工业产值的增长中32%是从引进技术中获益的，而同期技术引进费用仅占增加产值的1/10。

（2）兼采各国之长，充实本国的技术体系。日本主要工业部门的技术装备几乎全部依靠广泛吸收各国新技术组配而成。

（3）连续引进先进技术，攻克薄弱环节。如日本为了发展电力，先后从美国和德国引进最新技术。

（4）重视引进技术的吸收创新工作，使之“日本化”。日本对引进技术与消化吸收再创新的投入之比是1∶10。以引进发电设备为例，1954年日本从美国引进了7万千瓦的火力发电成套设备，接着又引进美国22万千瓦大型发电机组的技术专利，在此基础上，经过研究和仿造，1961年制造出5万千瓦的大型发电机组。到20世纪70年代以后，日本已经能够制造70万～

100万千瓦的特大型发电机组，成为美国同类设备的强大竞争者。

（5）在引进技术中培养技术队伍。日本为了更好地实现其技术引进目标，每引进一项新技术，都组织、培训一支迅速掌握、消化技术并使之工业化的队伍。

第三节　韩国的产业组织安全维护

韩国在20世纪60年代初至80年代末短短20多年的时间里，成功实现了由贫穷的农业国向新兴工业化国家的转变，很大程度上得益于政府的产业政策导向和实行外向型的发展战略。韩国的成功实践表明，政府为扶植主导产业发展而提供倾斜性的政策保障，有助于推动整个国家产业结构的升级和工业化进程，进而在维护产业安全的同时，增强整个产业的国际竞争力。随着经济全球化和世界经济一体化，韩国政府注重发展对外直接投资，同时积极引进先进技术。

一、“强政府”干预促进产业发展和维护产业安全

韩国在产业发展的初期并未形成成熟的市场机制，“市场缺陷”较为突出。为有效弥补这一不足，需要政府对产业发展实施强有力的干预，进行“政府替代”。韩国政府运用国家影响力，有效集中国内资源，指导产业部门的经济活动，将产业发展纳入政府的计划轨道，取得了良好的效果。其中，政府通过一系列的优惠政策，扶植了一批超大型企业集团，使之跻身世界超强企业之林，成为经济国际化的主力军，从而提高了产业的整体国际竞争力。为了促进民族产业的发展，政府对汽车、电子、化工等主导产业加大投入，严格限制国外资本进入这些产业，从而为这些产业竞争优势的培育争取了时间。以汽车产业为例，韩国政府虽然支持汽车生产企业引进外国先进技术与设备，允许同外国企业合资经营，但严禁外国企业独家经营汽车生产，在进口方面以高关税方式限制整车特别是轿车进口，并实行行政限制措施等，从而使韩国在较短时间内成为世界十大汽车生产国之一。

二、独特的融资方式为产业持续发展提供保障

对于广大发展中国家而言，融资成为产业发展的主要难题，许多产业往

往因资金困难而陷入窘境。为此，韩国实施了一种具有浓厚“官治”色彩的产业金融体制。在该体制中，中央银行事实上成为服务于产业政策的一个机构，主要商业银行均被政府严格控制。政府人为降低企业的融资成本，金融机构接受政府当局的指导与干预，政府则给予其各种扶植和保护。银行系统不具备真正商业银行意义上的独立性和权威性，重要的金融调控手段和商业银行的部分股权及人事权仍控制在政府手中。韩国国有金融机构在金融体系中的比重过大，政府金融机构吸收的储蓄存款占总储蓄的比重很高。政府通过牢牢支配金融系统，扭曲市场价格信号，不断以倾斜性的资源配置方式，对相关产业进行金融支持，同时使用特许权、许可证、公共采购权和设立国民投资基金、出口振兴支援基金等，使许多企业获得充足的发展资金。此外，韩国在产业化进程中普遍实行利率管制和市场准入等金融约束政策，将金融机构的存贷款利率控制在市场均衡价格以下，从而使银行部分利息收益转化为大量制度租金，通过银行信贷由家庭部门转移到企业部门。20 世纪 80 年代后，制度租金已占到韩国国民生产总值的 6% ～12% 。这种具有显著指令性特征的政策融资形式在有效集中国家资源、优先支援国家主导产业的兴起和发展，进而推动产业结构向高级化发展方面发挥了重要作用。

三、重视高新科技发展为推动产业结构升级提供了后劲

韩国在产业化进程中，一直重视对高新科技产业的投入，并从一开始就制定了与产业发展紧密配合的技术进步政策，不断引进先进技术，并建立相应的法规、机构和官民一致的科研体系进行科研创新。经过努力，韩国已拥有一大批较强的科研队伍，研发投入占国民生产总值的 4%，并保持持续增加。为增加科研成果的转化效率，韩国还建立了国家科研成果流通体制，并通过国际交流及建立国内外科研合作研究所和联合体的形式，促进国家研发事业的国际化、开放化。目前，韩国已成为世界上半导体芯片的最大生产国，在机械、设备技术特别是精密加工技术方面与日本、德国齐头并进，在材料、物质、环保、工程技术、能源开发以及生命技术方面达到世界一流水平。此外，在航空、航天、海洋及基础学科研究方面已接近世界先进水平。由于在高科技方面长期的巨大投入，韩国才得以在亚洲金融危机以后，迅速赶上世界新经济浪潮，继续保持产业发展优势。

四、加强对利用外资和对外直接投资的管理

为了防止跨国公司控制民族产业，韩国政府把引进外资的重点放在利用外国政府贷款和商业贷款上，严格限制外国直接投资。从 1962—1983 年，韩国共借用外国政府贷款 124 亿美元，占引进外资总额的 45%，同期借用商业贷款 138 亿美元，占引进外资总额的 50%，而引进外国直接投资仅占引进外资总额的 5%。这种利用外资结构政策在韩国工业化中起到了十分重要的作用。它在编制第一个十年经济发展计划的同时，即制定了与之紧密配合的技术进步政策，其核心内容是在消化、吸收与改进技术的同时，努力促进国内技术开发能力的提高，并相应地建立起法规、体制、机构和官民一致的科研体系进行保证。

在对外直接投资方面，制定积极有利的国家政策。从 20 世纪 80 年代中后期开始，韩国国际收支出现顺差，逐渐放松了对外直接投资的管理控制。管理制度方面简化了申请手续，加快了审批程序；1992 年又颁布了《海外直接投资制度改善方案》《外汇管理规定修正案》等涉及海外投资的相关法律，支持企业的海外投资；1994 年实行了“限制目录单”制度，除少数政府规定的业务范围外，放开了对外直接投资的行业经营，同时努力提供金融财政支持与信息服务。

第四节 国外产业组织安全维护的比较及其对我国的启示

一、国外产业组织安全维护的比较

各国产业组织维护的实践表明，产业安全在任何时代下都是本国产业政策的核心目标，各发达国家无不把本国的产业安全作为制定其对外对内经济政策的目标和依据。通过对美国、日本和韩国产业组织安全维护的措施和经验进行梳理，可以发现这三个国家在产业组织安全维护中的共同点。

（1）通过国内立法进行保护。通过国内立法保护相关产业是发达国家维护产业安全的一大特点。这些立法在与国际组织规则大体一致的前提下具

有一定的独立性。一旦本国产业受到外国产品的巨大冲击，就可以援引国内法规的有关条款予以制裁，以减少外国产品对本国产业的损害。

（2）严格管理外国投资。各国对外资的严格管理和控制主要体现在：发挥政府的监督、管理和审批权力，限制和干预外商投资；建立完备的产业安全“防护网”。

（3）对国内重要产业进行保护和扶持。各国通过对重要产业实施分类保护措施、制定合理的产业技术和组织政策、促进本国产业的技术升级和国际竞争力的提高、高度重视高新科技产业的发展等方式对国内重要产业进行保护和扶持，维护产业组织安全。

（4）运用非关税贸易壁垒。该类措施体现在：① 运用贸易救济措施保护本国产业，随着多边贸易体制有关非关税措施关税化和关税减让的总体要求，美国和欧盟等发达国家已把反倾销作为产业保护的常用武器；② 运用技术性贸易壁垒保护本国产业，技术性贸易壁垒以其隐蔽性、形式的合理性和运用上的灵活性成为发达国家产业保护的重要措施；③ 保护政策的重点由注重限制进口转变为加强政府在出口拓展方面的作用。

（5）建立产业损害预警机制。产业损害预警监测工作已成为发达国家维护产业经济安全、有效运用反倾销、反补贴、保障措施不可缺少的基础性、前瞻性、预防性工作，对发达国家保护国内产业起到重要作用。

二、国外产业组织安全维护对我国的启示

（1）在维护产业组织安全时自由和保护二者缺一不可。美国、日本和韩国的经验都表明，没有哪个国家一贯执行保护主义或自由主义，自由与保护只不过是不同条件下的应对方式，目标是保证国内产业发展和产业安全。韩国和日本都是只将那些已经具有相当竞争力的产业列入自由化名单，对尚不具备条件的产业则极力保护。当前，那些发达国家也并不是一直高举自由主义的大旗。可以看到，经济发达国家，尤其是美国，在推行新自由主义全球化经济秩序过程中所表现出来的双重标准和两面性：对自己国家，自由主义有利时，就实行自由主义，保护有利时，就实行保护主义；对别国，一律要求它们实行新自由主义模式。

在市场经济发展过程中，无论在国内，还是在国外，经济自由主义基本

上是对于竞争力较强的经济活动参与者有利的，也是大多数情况下经济的强者所愿意支持和采用的理论和政策；而国家干预主义（保护主义）则基本上是对于竞争力较弱的经济活动参与者有利的，通常情况下是经济的弱者和有特殊利益者所愿意支持和采用的理论和政策。

（2）政府与企业的协调配合至关重要。国外的经验证明：维护产业安全，政府与产业内各个企业间的密切配合是至关重要的。只有上下协调才能有力量维护产业安全。

韩国、日本等国家的实践充分证明了各方合力打造产业安全的重要性。经济发展水平落后的国家如果单纯跟进市场经济国家发展的脚步，任由企业自由竞争，通过优胜劣汰达到产业发展所需要的时间会很长。为了缩短时间，使国民经济的成长产生加速效应，比较便捷的途径是由政府来引导经济发展。而且，为了迎接国际市场的挑战，经济落后国家也不能走市场自由放任的发展道路，需要政府与企业形成合力共同参与国际市场。这样，通过政府的力量保护国内市场，充分调动国内社会资源投入战略产业发展，有意识地培养大企业，并通过经济计划和产业政策手段加速技术进步步伐，从而比较快地提高产业国际竞争力就成为现实的选择。

美国更多的是用法律手段保护国内产业，在这种合法的方式后面，是政府、行业协会和企业间极为默契的配合：政府信息预测部门向行业协会提供信息，行业协会代表企业向政府提出反倾销申请，政府“迫于”国内压力采取反倾销措施。美国企业反应如此灵活与政府及行业协会提供大量信息有直接关系。

（3）政府加强产业安全立法必不可少。美、日、韩等国已建立的贸易救济法律制度、知识产权保护制度、外资并购国家产业安全审查制度、国外壁垒调查制度、多双边经贸协议国家利益评估制度等，从立法和法律实践为中国的立法提供了丰富而翔实的成文法和案例。在中国产业安全法的构建中，我们可以去粗取精、结合中国经济的实际情况加以创新，以适应经济全球化的新要求。

对于我国而言，包括《反垄断法》《国家安全法》等保护产业安全的基本法律体系没有很好地构建和完善起来。现今的《中华人民共和国国家安全法》是 1993 年 2 月 22 日第七届全国人民代表大会常务委员会第三十次会议通过并颁布实施的，其内容涉及的仅仅是或者说主要是反间谍侦查问题。直到 2007 年 8 月 30 日，十届全国人大常委会第二十九次会议经表决才通过了《反垄断法》草案，并将自 2008 年 8 月 1 日起施行。“产业安全”没有法律意义上的界定和认证，在推行实施相应措施时往往屈从各种权力部门的压力。另外，我们采取的各种产业安全保护措施相互之间并不配套，导致在产业安全保护的同时带来一系列其他问题。例如，我国往往在反倾销后出现本土企业过度进入的情况，对本国产业的保护带来的不是产业结构的调整、技术的改造和竞争力的全面提升，而是大量的落后企业死灰复燃。又如，现有的《外商投资产业指导目录》与一般的产业安全理念存在着巨大的冲突。《外商投资产业指导目录》将外商投资的方向分为鼓励类、限制类和禁止类，“目录”中所鼓励投资的项目恰好集中在高新技术方面，在“以市场换技术”理念的指导下，鼓励投资的多是对产业发展和国家经济安全起重要作用的行业，地方政府普遍以此为依据鼓励外资企业并购划归地方的行业龙头企业；相反，限制类倒多是技术落后的、高能耗、高污染行业。在 2004 年版《外商投资产业指导目录》的鼓励类投资中，包括石油加工及炼焦业、普通机械制造业、专用设备制造业、交通运输设备制造业、电子及通信设备制造业等。而这些产业都与国计民生有十分紧密的联系。因此，如何调整这些法规之间的冲突，如何以法律形式规范我国产业安全监管，是我们在今后研究的一个重大课题，借鉴美国等国家的做法，加强我国产业安全立法刻不容缓。

（4）产业组织安全维护具有动态性。在不同国家的不同时期，产业安全都会有着新的时代目标时代内涵和实现手段。具体地讲，当一国产业实力强时，产业安全度高，则要求对外开放，自由贸易的动机就越强。这又会进一步增强本国产业安全的整体实力，形成一种良性循环。反之，当一国产业实力弱时，就需要调整政策，在经济开放的同时采取较多的保障措施。在具体的政策措施上，我国的对外资的开放政策也必须把握好开放次序、开放时机和开放力度。

第六章

中国产业组织安全问题实证研究

第一节　中国产业国际竞争力

一、三大产业国际竞争力评价

（一）计算指标

国际竞争力指数：某产业的出口贸易和进口贸易的差额占进出口贸易总额的比重。

（二）数据来源及处理

根据统计口径对应表，利用《中国统计年鉴（2012）》中的历年进口和出口货物分类金额表中的数据即可得到第一、二产业所需数据。其中将历年进口和出口货物分类金额表中初级产品数据减去对应的矿物燃料、润滑油及有关原料数据即可得到第一产业也即农林牧渔业产业的历年进出口金额。同理，将历年进口和出口货物分类金额表中工业制成品数据减去未分类的其他商品数据同时加上历年对应的矿物燃料、润滑油及有关原料数据即可得到第二产业进出口数据。第三产业数据用中国贸易服务指南网站上关于1997—2010年中国进出口服务贸易分项表中历年服务贸易总计数据即可。

（三）计算过程

1. 第一产业国际竞争力指数

由《中国统计年鉴（2012）》中历年进出口数据即可计算出第一产业历年的国际竞争力指数，见表6-1。

表 6-1　第一产业历年国际竞争力指数

年份	出口/亿美元	进口/亿美元	出口-进口/亿美元	出口+进口/亿美元	国际竞争力指数
1991	113.91	87.21	26.70	201.12	0.13
1992	123.11	96.85	26.26	219.96	0.12
1993	125.57	83.91	41.66	209.48	0.20
1994	156.39	124.51	31.88	280.90	0.11
1995	161.53	192.90	-31.37	354.43	-0.09
1996	159.94	185.64	-25.70	345.58	-0.07
1997	169.66	183.14	-13.48	352.80	-0.04
1998	153.14	161.73	-8.59	314.87	-0.03
1999	152.82	179.34	-26.52	332.16	-0.08
2000	176.05	261.02	-84.97	437.07	-0.19
2001	179.33	282.77	-103.44	462.10	-0.22
2002	201.05	299.86	-98.81	500.91	-0.20
2003	236.98	435.74	-198.76	672.72	-0.30
2004	260.69	692.74	-432.05	953.43	-0.45
2005	314.15	837.67	-523.52	1 151.82	-0.45
2006	351.49	981.28	-629.79	1 332.77	-0.47
2007	415.58	1 381.55	-965.97	1 797.14	-0.54
2008	461.84	1 931.53	-1 469.69	2 393.37	-0.61
2009	427.38	1 657.67	-1 230.29	2 085.05	-0.59
2010	550.13	2 448.50	-1 898.37	2 998.63	-0.63
2011	682.72	3 284.94	-2 602.22	3 967.66	-0.66

数据来源：其中历年进出口数据由《中国统计年鉴（2012）》计算而得，国际竞争力指数由出口和进口的差额除以进出口总额得到。

2. 第二产业国际竞争力指数

由《中国统计年鉴（2012）》中的历年进出口数据即可计算出第二产业历年的国际竞争力指数，见表 6-2。

表 6-2　第二产业历年国际竞争力指数

年份	出口/亿美元	进口/亿美元	出口-进口/亿美元	出口+进口/亿美元	国际竞争力指数
1991	467.97	439.23	28.74	907.20	0.03

续表

年份	出口/亿美元	进口/亿美元	出口-进口/亿美元	出口+进口/亿美元	国际竞争力指数
1992	726.29	709.00	17.29	1 435.29	0.01
1993	791.87	955.68	-163.81	1 747.55	-0.09
1994	1 053.55	1 024.84	28.71	2 078.39	0.01
1995	1 326.21	1 121.01	205.20	2 447.22	0.08
1996	1 350.42	1 196.23	154.19	2 546.65	0.06
1997	1 658.22	1 231.47	426.75	2 889.69	0.15
1998	1 683.90	1 233.10	450.80	2 917.00	0.15
1999	1 796.40	1 464.13	332.27	3 260.53	0.10
2000	2 313.77	1 973.39	340.38	4 287.16	0.08
2001	2 475.81	2 136.00	339.81	4 611.81	0.07
2002	3 048.43	2 636.20	412.23	5 684.63	0.07
2003	4 135.74	3 679.03	456.71	7 814.77	0.06
2004	5 661.45	4 904.26	757.19	10 565.71	0.07
2005	7 289.32	5 741.78	1 547.54	13 031.10	0.12
2006	9 314.72	6 913.02	2 401.70	16 227.75	0.15
2007	11 740.41	8 153.30	3 587.11	19 893.71	0.18
2008	13 827.99	9 350.01	4 477.98	23 178.00	0.19
2009	11 572.28	8 368.50	3 203.78	19 940.78	0.16
2010	15 212.74	11 329.59	3 883.15	26 542.33	0.15
2011	18 277.67	13 654.78	4 622.89	31 932.45	0.15

数据来源：其中历年进出口数据由《中国统计年鉴（2012）》计算而得，国际竞争力指数由出口和进口的差额除以进出口总额得到。

3. 第三产业国际竞争力指数

第三产业历年国际竞争力指数见表6-3。

表6-3 第三产业历年国际竞争力指数

年份	出口/亿美元	进口/亿美元	出口-进口/亿美元	出口+进口/亿美元	国际竞争力指数
1997	245.04	277.25	-32.21	522.29	-0.06
1998	238.80	264.68	-25.88	503.48	-0.05
1999	261.65	309.66	-48.01	571.31	-0.08

续表

年份	出口/亿美元	进口/亿美元	出口-进口/亿美元	出口+进口/亿美元	国际竞争力指数
2000	301.46	358.58	-57.12	660.04	-0.09
2001	329.03	390.31	-61.28	719.34	-0.09
2002	393.80	460.80	-67.00	854.60	-0.08
2003	463.70	548.52	-84.82	1 012.22	-0.08
2004	620.60	716.02	-95.42	1 336.62	-0.07
2005	739.10	831.73	-92.63	1 570.83	-0.06
2006	914.20	1 003.27	-89.07	1 917.47	-0.05
2007	1 216.50	1 292.55	-76.05	2 509.05	-0.03
2008	1 464.50	1 580.00	-115.50	3 044.50	-0.04
2009	1 286.00	1 582.00	-296.00	2 868.00	-0.10
2010	1 702.50	1 921.70	-219.20	3 624.20	-0.06

数据来源：中国服务贸易指南网中1997—2010年中国进出口服务贸易分项表。

4. 三大产业历年国际竞争力指数

三大产业历年国际竞争力指数见表6-4。

表6-4　三大产业历年国际竞争力指数

年份	第一产业国际竞争力指数	第二产业国际竞争力指数	第三产业国际竞争力指数
1991	0.13	0.03	
1992	0.12	0.01	
1993	0.20	-0.09	
1994	0.11	0.01	
1995	-0.09	0.08	
1996	-0.07	0.06	
1997	-0.04	0.15	-0.06
1998	-0.03	0.15	-0.05
1999	-0.08	0.10	-0.08
2000	-0.19	0.08	-0.09
2001	-0.22	0.07	-0.09
2002	-0.20	0.07	-0.08
2003	-0.30	0.06	-0.08

续表

年份	第一产业国际竞争力指数	第二产业国际竞争力指数	第三产业国际竞争力指数
2004	-0.45	0.07	-0.07
2005	-0.45	0.12	-0.06
2006	-0.47	0.15	-0.05
2007	-0.54	0.18	-0.03
2008	-0.61	0.19	-0.04
2009	-0.59	0.16	-0.10
2010	-0.63	0.15	-0.06
2011	-0.66	0.15	—

数据来源：由上述第一、第二和第三产业国际竞争力指数而得。

为了更直观地对比分析三大产业的国际竞争力指数，现将表6-4中的数据绘制成折线图，见图6-1。

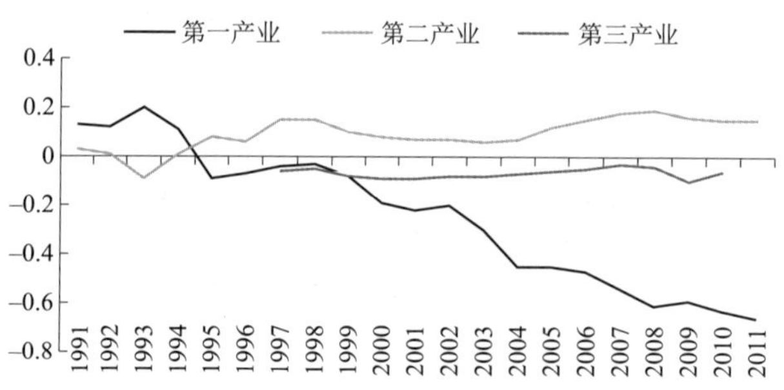

图6-1 三大产业历年国际竞争力指数

从表6-4和图6-1可以得出：第一产业国际竞争力指数在1991—1994年间为正数，从1995年之后均为负值，且1991—2010年间国际竞争力指数总体上呈下降趋势。从2007年之后，该指数都小于-0.05，且在2011年达到-0.66，为历史最低值，说明我国第一产业国际竞争力较弱。第二产业国际竞争力指数只有在1993年为负值，其余年份均为正值，1991—2000年该指数基本呈上升趋势，在2001—2004年该指数比较稳定，集中于0.07左右，从2005年开始，该指数呈逐年上升趋势，且在2008年达到历史最高值0.19，但是从2009—2011年呈下降趋势，这说明我国第二产业国际竞争力不断加强，但受2008年金融危机的影响，以及一些发达国家对中国产品贸易保护主义的加剧，对我国出口特别是第二产业的出口造成较大压力，从而对我国第二产业的国际竞争力造成不良影响。第三产业国际竞争力指数均为负值，从2001年开始，该指数呈不断上升趋势，一方面说明我国第三产业国际竞争力弱；另一方面也说明从2001年开始我国第三产业国际竞争力弱的局面有较大程度的缓解。

二、我国主要产业国际竞争力评价

为了进一步了解我国一些主要产业国际竞争力情况，在此根据《中国统计年鉴（2012）》和中国服务贸易指南网中1997—2010年中国进出口服务贸易分项表上的数据以及国际竞争力指标计算方法，得出我国主要产业历年国际竞争力指数，见表6–5。

表6–5 我国主要产业历年国际竞争力指数

年份	采矿业	制造业	交通运输、仓储和邮政业	金融业	科学研究、技术服务和地质勘探业
1991	0. 38	0. 00	—	—	—
1992	0. 14	0. 00	—	—	—
1993	−0. 17	−0. 09	—	—	—
1994	0. 00	0. 01	—	—	—
1995	0. 02	0. 09	—	—	—
1996	−0. 07	0. 07	—	—	—
1997	−0. 19	0. 17	−0. 52	−0. 74	−0. 44
1998	−0. 13	0. 17	−0. 38	−0. 65	−0. 36
1999	−0. 31	0. 12	−0. 46	−0. 74	−0. 43
2000	−0. 45	0. 12	−0. 36	−0. 86	−0. 47
2001	−0. 35	0. 10	−0. 41	−0. 79	−0. 44
2002	−0. 39	0. 10	−0. 38	−0. 86	−0. 54
2003	−0. 45	0. 09	−0. 37	−0. 82	−0. 44
2004	−0. 54	0. 11	−0. 33	−0. 86	−0. 35
2005	−0. 57	0. 16	−0. 29	−0. 83	−0. 28
2006	−0. 67	0. 21	−0. 24	−0. 87	−0. 21

续表

年份	采矿业	制造业	交通运输、仓储和邮政业	金融业	科学研究、技术服务和地质勘探业
2007	-0.68	0.24	-0.15	-0.82	-0.13
2008	-0.68	0.28	-0.13	-0.77	-0.04
2009	-0.72	0.23	-0.32	-0.71	-0.04
2010	-0.75	0.23	-0.29	-0.70	0.03
2011	-0.79	0.24	—	—	—

数据来源：《中国统计年鉴（2012）》和中国服务贸易指南网中1997—2010年中国进出口服务贸易分项表相关数据。

将表6-5中的数据绘制成折线图，见图6-2和图6-3。

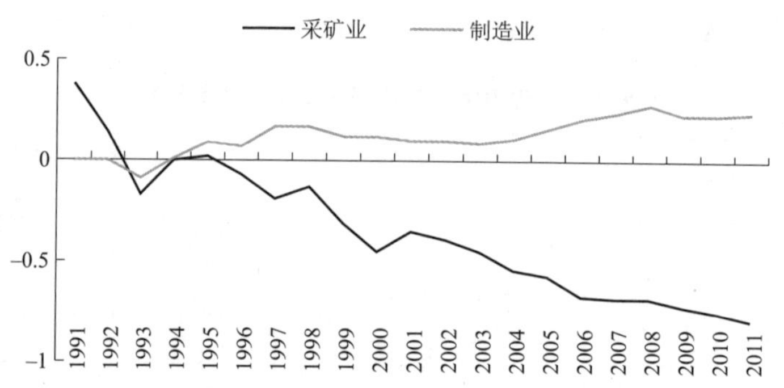

图6-2 第二产业主要产业历年国际竞争力变化趋势图

从表6-5和图6-2可以得出，我国制造业国际竞争力指数只在1993年为负值，其余年份均为正值，在1991—2000年该指数呈总体上升趋势，在2001—2004年变化比较平稳，从2005年之后呈逐年上升趋势，一方面说明我国制造业具有较强的国际竞争力，另一方面也说明近年来我国制造业国际竞争力呈不断加强的趋势。我国采矿业国际竞争力指数只在1991—1992年、1995年为正值，其余年份均为负值，并且总体上呈逐年下降的趋势，说明我国采矿业国际竞争力弱，且近年来采矿业国际竞争力弱的局面有不断恶化的趋势。

从表6-5和图6-3可以得出，我国第三产业三个主要产业的国际竞争力指数绝大多数为负值，说明我国第三产业国际竞争力比较弱。从总体上看，这三个主要产业中，交通运输、仓储和邮政业的国际竞争力较强，其次

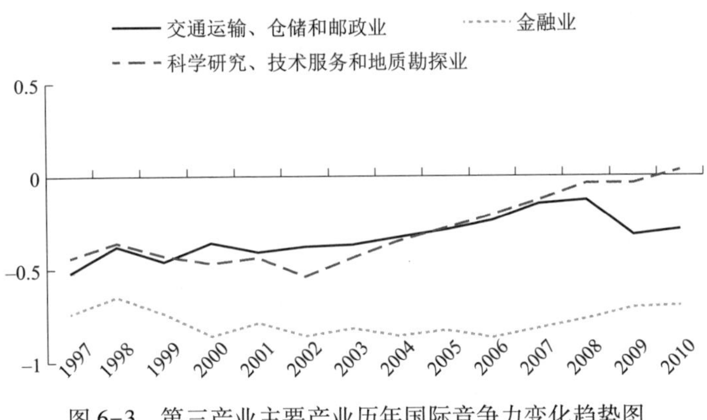

图 6-3　第三产业主要产业历年国际竞争力变化趋势图

为科学研究、技术服务和地质勘探业，金融业的国际竞争力最弱。从个体上看，交通运输、仓储和邮政业国际竞争力指数呈现逐年上升趋势，该行业国际竞争力在不断增强；科学研究、技术服务和地质勘探业的国际竞争力指数也呈现不断上升趋势，其国际竞争力也在不断增强；而金融业在 1997—2002 年总体上呈下降趋势，在 2003—2006 年变化比较平稳，从 2007 年开始该行业国际竞争力指数呈现上升趋势，但总体上来说，该行业国际竞争力弱的局面依然存在。随着我国对外开放程度的不断加大以及对加入 WTO 时承诺的逐渐兑现，我国第三产业各主要行业的国际竞争力应会进一步加强。

综上所述，我国三大产业各主要行业的竞争力总体评价为：制造业较好；农林牧渔业，采矿业，交通运输、仓储和邮政业，科学研究、技术服务和地质勘探业次之；金融业较差。

第二节　中国产业对外依存度

一、三大产业对外依存度评价

（一）计算指标

鉴于指标的重要性程度和数据的可获得性，本书采取产业出口对外依存度来衡量我国三大产业及其细分行业的对外依存情况。

产业出口对外依存度等于产业出口额与其国内生产总值的比值。

（二）数据来源及其处理

三大产业出口额及其细分行业出口额同本章第一节计算三大产业及其细分行业国际竞争力指数时所采用的数据相同，其具体计算方法可参见第一节。

三大产业 GDP 原始数据来源于《中国统计年鉴（2012）》；三大产业细分行业的 GDP 也来源于历年的《中国统计年鉴》，2003 年及其以前的科学研究和综合技术服务业在 2004 年调整为科学研究、技术服务和地质勘探业，2003 年及其以前的金融保险业在 2004 年调整为金融业。

三大产业及其细分行业的 GDP 单位为亿元，而三大产业及其细分行业的出口额单位为亿美元，为了统一单位，在此用《中国统计年鉴》上的历年人民币汇率进行调整。

鉴于数据来源的有限性，本节在计算产业出口对外依存度时仅计算三大产业出口对外依存度以及第三产业主要行业出口对外依存度。

（三）计算过程

1. 第一产业出口对外依存度

根据所获数据和产业出口对外依存度指标的计算方法，可得到第一产业出口对外依存度，见表 6-6。

表 6-6 第一产业出口对外依存度

年份	出口/亿美元	GDP/亿美元	出口依存度	年份	出口/亿美元	GDP/亿美元	出口依存度
1991	113.91	1 003.55	0.11	2002	201.05	1 997.95	0.10
1992	123.11	1 063.83	0.12	2003	236.98	2 100.00	0.11
1993	125.57	1 208.57	0.10	2004	260.69	2 587.08	0.10
1994	156.39	1 110.69	0.14	2005	314.15	2 736.92	0.11
1995	161.53	1 453.22	0.11	2006	351.49	3 015.63	0.12
1996	159.94	1 685.72	0.09	2007	415.58	3 764.73	0.11
1997	169.66	1 742.13	0.10	2008	461.84	4 895.54	0.09
1998	153.14	1 789.76	0.09	2009	427.38	5 156.79	0.08
1999	152.82	1 784.19	0.09	2010	550.13	5 987.68	0.09
2000	176.05	1 805.27	0.10	2011	682.72	7 352.17	0.09
2001	179.33	1 906.64	0.09				

数据来源：出口和 GDP 数据来自于《中国统计年鉴（2012）》，出口依存度经计算而得。

2. 第二产业出口对外依存度

根据所获数据和产业出口对外依存度指标的计算方法，可得到第二产业出口对外依存度，见表 6-7。

表 6-7　第二产业出口对外依存度

年份	出口/亿美元	GDP/亿美元	出口依存度	年份	出口/亿美元	GDP/亿美元	出口依存度
1991	467.97	1 709.88	0.27	2002	3 048.43	6 511.63	0.47
1992	726.29	2 121.55	0.34	2003	4 135.74	7 543.35	0.55
1993	791.87	2 855.68	0.28	2004	5 661.45	8 929.09	0.63
1994	1 053.55	2 604.27	0.40	2005	7 289.32	10 665.01	0.68
1995	1 326.21	3 434.25	0.39	2006	9 314.72	12 940.87	0.72
1996	1 350.42	4 069.54	0.33	2007	11 740.41	16 412.28	0.72
1997	1 658.22	4 528.82	0.37	2008	13 827.99	21 048.42	0.66
1998	1 683.90	4 711.16	0.36	2009	11 572.28	23 076.97	0.50
1999	1 796.40	4 956.76	0.36	2010	15 212.74	27 680.51	0.55
2000	2 313.77	5 502.98	0.42	2011	18 277.67	34 125.97	0.54
2001	2 475.81	5 981.91	0.41				

数据来源：出口和 GDP 数据来自于《中国统计年鉴（2012）》，出口依存度经计算而得。

3. 第三产业出口对外依存度

根据所获数据和产业出口对外依存度指标的计算方法，可得到第三产业出口对外依存度，见表 6-8。

表 6-8　第三产业出口对外依存度

年份	出口/亿美元	GDP/亿美元	出口依存度	年份	出口/亿美元	GDP/亿美元	出口依存度
1997	245.04	3 255.58	0.08	2004	620.60	7 800.27	0.08
1998	238.80	3 693.69	0.06	2005	739.10	8 964.30	0.08
1999	261.65	4 091.84	0.06	2006	914.20	10 627.64	0.09
2000	301.46	4 676.50	0.06	2007	1 216.50	13 661.18	0.09
2001	329.03	5 359.62	0.06	2008	1 464.50	17 348.43	0.08
2002	393.80	6 028.62	0.07	2009	1 286.00	21 671.50	0.06
2003	463.70	6 766.31	0.07	2010	1 702.50	25 643.84	0.07

数据来源：出口和 GDP 数据来自于《中国统计年鉴（2012）》和中国服务贸易指南网中 1997—2010 年中国进出口服务贸易分项表，出口依存度经计算而得。

4. 三大产业出口对外依存度

经过上述计算，可得到我国历年三大产业出口对外依存度，见表 6-9。

表 6-9　我国历年三大产业出口对外依存度

年份	第一产业	第二产业	第三产业
1991	0. 11	0. 27	—
1992	0. 12	0. 34	—
1993	0. 10	0. 28	—
1994	0. 14	0. 40	—
1995	0. 11	0. 39	—
1996	0. 09	0. 33	—
1997	0. 10	0. 37	0. 08
1998	0. 09	0. 36	0. 06
1999	0. 09	0. 36	0. 06
2000	0. 10	0. 42	0. 06
2001	0. 09	0. 41	0. 06
2002	0. 10	0. 47	0. 07
2003	0. 11	0. 55	0. 07
2004	0. 10	0. 63	0. 08
2005	0. 11	0. 68	0. 08
2006	0. 12	0. 72	0. 09
2007	0. 11	0. 72	0. 09
2008	0. 09	0. 66	0. 08
2009	0. 08	0. 50	0. 06
2010	0. 09	0. 55	0. 07
2011	0. 09	0. 54	—

数据来源：根据上述计算整理而得。

为了更直观地比较我国三大产业的出口对外依存度，现将表 6-9 的数据绘制成图，见图 6-4。

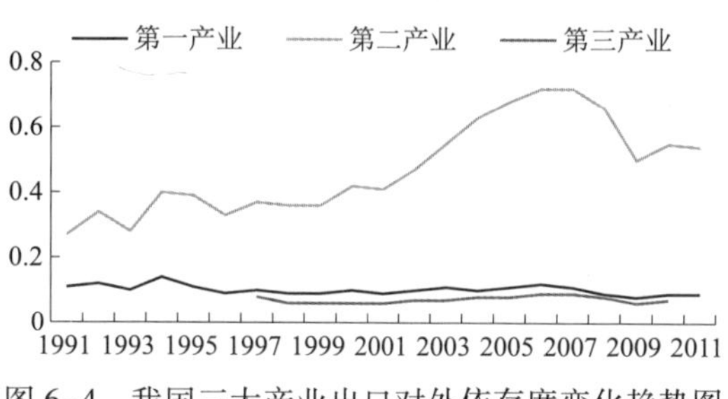

图 6-4　我国三大产业出口对外依存度变化趋势图

从表 6-9 和图 6-4 可以看出，我国第二产业的出口对外依存度指标数值最大，且呈逐年上升趋势。我国外贸出口多年来一直主要依赖美欧及以日本和东盟等为代表的亚洲市场，外贸目的地集中，在出口依存度较大的情况下，一旦主要依赖的市场发生不能预测的各种变化，不仅将对我国对外贸易产生重要影响，也将直接威胁到我国国内经济的稳定和发展。所以，第二产业的出口依存度大，表明我国第二产业尤其是制造业的安全度较差，需要我们予以警惕。第一产业和第二产业的出口对外依存度指标数值比较接近，出口对外依存度较小，变化也比较平稳。随着我国对外贸易和经济合作运动的增加，农林牧渔业和服务业的出口量也会逐渐攀升。目前，最重要的是进一步优化出口商品结构，加快实现对外贸易市场多元化的目标。从总体上看，三大产业安全度评价为：第一产业和第三产业一般，第二产业较差。

二、主要行业出口对外依存度评价

按照本章开始的统计口径界定，第一产业等同于农林牧渔业，由于已经分析了第一产业的出口对外依存度，在此就不再赘述。同时由于获取第二产业细分行业的 GDP 数值存在困难，在此不再对第二产业细分行业的出口对外依存度进行测算和分析。本部分将对第三产业出口对外依存度进行评价。第三产业主要行业出口对外依存度见表 6-10。

表 6-10　第三产业主要行业出口对外依存度

年份	交通运输、仓储和邮政业	金融业	科学研究、技术服务和地质勘探业
1997	0. 07	0. 00	0. 09
1998	0. 06	0. 01	0. 13
1999	0. 06	0. 01	0. 09
2000	0. 08	0. 00	0. 10
2001	0. 07	0. 00	0. 17
2002	0. 08	0. 00	0. 21
2003	0. 11	0. 01	0. 29
2004	0. 11	0. 01	0. 24
2005	0. 12	0. 01	0. 29
2006	0. 14	0. 01	0. 36
2007	0. 17	0. 01	0. 42
2008	0. 17	0. 01	0. 43
2009	0. 10	0. 01	0. 37
2010	0. 13	0. 01	0. 39

数据来源：细分行业的 GDP 数值来源于历年《中国统计年鉴》，出口额来源于中国服务贸易指南网中 1997—2010 年中国进出口服务贸易分项表，各行业出口对外依存度由该行业的出口额除以该行业的 GDP 数值得到。

为了更加直观地比较第三产业各细分行业的出口对外依存度，现将表 6-10 中的数据绘制成折线图，见图 6-5。

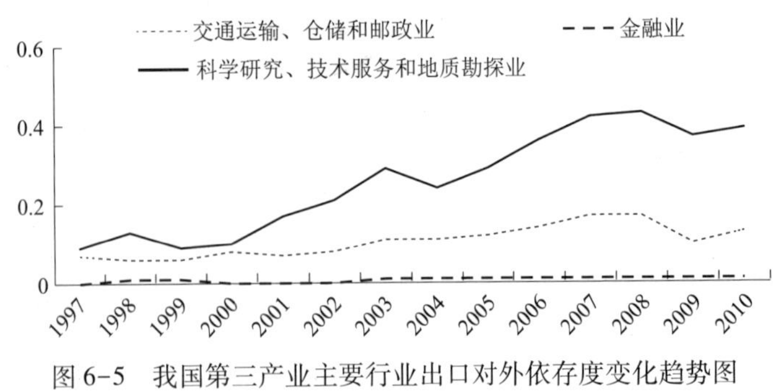

图 6-5　我国第三产业主要行业出口对外依存度变化趋势图

从表 6-10 和图 6-5 可以得出：从总体上看，科学研究、技术服务和地质勘探业的出口对外依存度最高，其次为交通运输、仓储和邮政业，最后为金融业。从个体上看，科学研究、技术服务和地质勘探业的出口对外依存度呈逐年上升趋势，表明该行业对出口的依赖程度在不断增加。交通运输、仓储和邮政业及金融业的出口对外依存度变化比较平稳，这两个行业对出口的依赖程度不高且没有增加的趋势。综上，第三产业的细分行业安全度为：金融业较好，科学研究、技术服务和地质勘探业以及交通运输、仓储和邮政业一般。

第三节　中国产业外资控制

一、市场控制

（一）外资企业市场控制的总体情况

为了反映外资企业市场控制情况，这里采用市场控制度对其进行定量描述。计算方法是用《中国统计年鉴》（2000—2012）里的“外资工业企业销售收入”比上“全国工业企业销售收入”，结果见图 6-6。

图 6-6　1999—2011 年外资企业对我国工业的市场控制度

数据来源：根据 2000—2012 年《中国统计年鉴》整理、计算而得。其中“外资工业企业销售收入”指 2000—2006 年中国统计年鉴中的“三资”工业企业的主营业务收入以及 2007—2012 年中国统计年鉴中的外商投资和港澳台投资工业企业主营业务收入；“全国工业企业销售收入”指 2000—2006 年中国统计年鉴中的全国国有及规模以上的非国有工业企业的主营业务收入以及 2007—2012 年中国统计年鉴中的规模以上工业企业的主营业务收入。

从图 6-6 可以看出，1999—2007 年以来，外资对我国工业的市场控制度逐步上升，从 2008 年开始逐年下降。并且外资企业对我国工业企业市场控制度平均水平接近30%，尤其是2003年至2007年，外资对我国工业的市场控制度均已超过30%。按照国际通行标准，在外资市场控制度方面，一般将30%视为警戒线。也即从1999年以来，我国工业的市场控制度达到或超过了国际通行的市场控制度警戒线。从外资市场控制的角度讲，我国工业安全已面临危机，应当引起重视。

下面以我国高技术产业和机械制造业为例，说明外资市场控制的总体情况。

1. 高技术产业外资市场控制总体情况

根据《2003中国高技术产业统计年鉴》《2008中国高技术产业统计年鉴》和《2011中国高技术产业统计年鉴》的三资企业和总产业的合计数据，对我国高技术产业外资市场总体控制度进行计算，结果见表6-11。

表6-11 1999—2010年中国高技术产业外资市场控制总体情况

年份	高技术产业三资企业主营业务收入/亿元	高技术产业主营业务收入/亿元	外资市场控制度/%
1999	4 430.84	7 820.00	56.70
2000	6 006.81	10 034.00	59.90
2001	7 375.17	12 015.00	61.40
2002	9 043.30	14 614.00	61.90
2003	13 734.14	20 412.00	67.30
2004	20 610.70	27 846.00	74.00
2005	24 789.70	33 922.00	73.00
2006	30 115.80	41 585.00	72.40
2007	36 281.00	49 714.00	73.00
2008	39 255.00	55 729.00	70.40
2009	39 141.30	59 567.00	65.70
2010	48 216.30	74 482.80	64.70

数据来源：①根据《中国高技术产业统计年鉴》的相关数据整理、计算得到。其中1999—2002年的数据来自《2003中国高技术产业统计年鉴》，"高技术产业主营业务收入"的统计项目为"中国主要年份销售收入（按行业分组）"，"高技术产业三资企业主营业务收入"的统计项目为"中国主要年份三资企业销售收入（按行业分组）"；2003—2007年数据来自《2008中国高技术产业统计年鉴》，统计项目为中国主要年份（三资企业）主营业务收入统计（按行业分组）；2008—2010年数据来自《2011中国高技术产业统计年鉴》，统计项目为中国主要年份（三资企业）主营业务收入统计（按行业分组）。②其中1999—2008年的数据口径为全部国有及年销售收入在500万元以上的非国有工业企业；2009—2010年数据口径为年销售收入在500万元及以上的工业企业。

从表 6-11 可以看出，我国高技术产业总体外资市场控制度很高，2004—2008 年已超过 70%，2004 年以前一直保持较高的增长速度，2004 年以后增速有所放缓，到 2010 年外资市场控制度较 2004 年降低了 9.30 个百分点，但外资市场控制度仍在 64%以上，总体上说明了外资对我国高技术产业的市场控制程度很高。

2. 机械制造业外资市场控制总体情况

根据《中国统计年鉴》（2000—2011）的相关数据，可以计算出 1999—2010 年机械制造业的外资市场控制度，结果见表 6-12。

表 6-12　1999—2010 年中国机械制造业外资市场控制总体情况

年份	机械制造业外资销售收入/亿元	机械制造业总销售收入/亿元	外资市场控制度/%
1999	3 073.08	10 665.40	28.8
2000	3 895.50	12 589.87	30.9
2001	4 385.95	14 049.01	31.2
2002	5 249.51	16 544.78	31.7
2003	7 270.81	21 882.25	33.2
2004	9 822.89	29 127.80	33.7
2005	13 696.37	38 624.07	35.5
2006	17 676.20	50 512.83	35.0
2007	23 063.48	66 622.99	34.6
2008	27 731.05	86 727.40	32.0
2009	26 909.91	95 941.79	28.1
2010	34 670.74	123 830.90	28.0

数据来源：根据《中国统计年鉴》（2000—2011）相关数据整理、计算得到。其中：① 2005—2010 年没有"产品销售收入"，数据为"主营业务收入"；② 1999—2006 年的统计项目是"按行业分'三资'工业企业主要指标"和"按行业分全部国有及规模以上非国有工业企业主要指标"，2007—2010 年的统计项目是"按行业分外商投资和港澳台商投资工业企业主要指标"和"按行业分规模以上工业企业主要指标"；③ 1999—2010 年"仪器仪表制造业"的数据对应年鉴中的"仪器仪表及文化、办公用机械制造业"，1999—2002 年没有"通用设备制造业"，所用数据为"普通机械制造业"，以下均同此。

从表 6-12 可以看出，外资对我国机械制造业的市场控制度自 1999 年以来都超过了 20%，并呈逐年上升趋势，至 2005 年以后趋于稳定并呈下降趋势，2010年达到了近十二年来的最低水平，为28.0%，比2005年的最高控制度35.5%下降了近7.5个百分点。

（二）外资企业市场控制的行业情况

外资利用其在资本、技术、规模、管理等方面的相对优势，占领和控制东道国市场，并且在某些行业形成垄断，阻止东道国企业的进入，甚至将东道国企业最终挤出市场。我国第三次全国工业普查资料表明，截至1995年年底，在517个小类行业中，外资企业产品的市场控制度超过30%的就有133个行业。在这133个行业中，外资企业市场控制度在30%～40%的行业有50个（较有代表性的行业有啤酒制造业、微型汽车制造业、摩托车制造业、棉针织品业、洗衣机制造业、起重设备制造业、电容器制造业、日用化学品制造业等）；外资企业市场控制度在40%～50%的行业有26个（较有代表性的行业有服装制造业、空调制造业、半导体器件制造业、电真空器制造业、摩托车整车制造业、电子计算机整机制造业）；外资企业市场控制度在50%～60%的行业有30个（代表性行业有钟表制造业、电子元件制造业、电子器件制造业、方便主食品业、通信设备制造业、交换设备制造业、电视机录像机摄像机制造业等）；外资市场控制度在60%以上的有27个行业（代表性行业有碳酸饮料制造业、电子计算机制造业、收音机和录音机制造业、复印机制造业、通信终端设备制造业、照相机及器材制造业、集成电路制造业、小轿车制造业、集装箱制造业等）。同时，根据国务院发展研究中心发表的一份研究报告，中国28个主要产业中，外资在21个产业中拥有多数资产控制权。

从图6-7可以看出，在2009—2011年三年中，除食品制造业、化学纤维制造业这两个行业外，其余13个行业的外资市场控制度均呈下降趋势；通信设备、计算机及其他电子设备制造业的外资市场控制度最高，三年中外资市场控制度均接近80%。制造业是工业中最主要的、包含大类行业最多的门类，也是外资市场控制程度最高的门类，从图6-7也可以看出，这15个行业大部分都是制造业。总体而言，这15个行业的外资市场控制度均已超过国际通行的30%的警戒线标准。从行业角度看，这15个行业已面临安全隐患，同时又由于这些行业在工业甚至国民经济中的地位举足轻重，可见我国产业安全形势不容乐观。

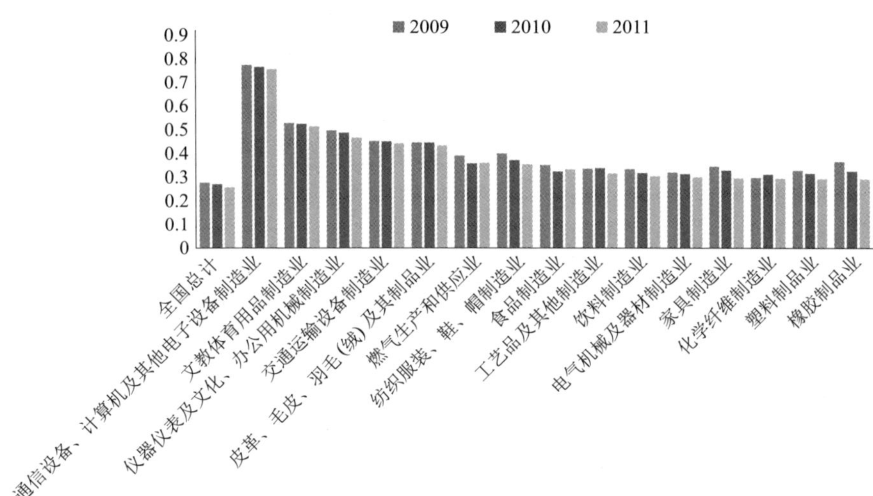

图 6-7　2009—2011 年部分行业外资市场控制度

资料来源：根据 2010—2012 年《中国统计年鉴》中的各行业“三资”工业企业主营业务收入和各行业规模以上工业企业主营业务收入计算出 2009—2011 年各行业的外资市场控制度；对 2011 年的各行业市场控制度进行由高到低排序，取各年份市场控制度前 15 的行业。

下面以我国高技术产业和机械制造业为例，说明外资市场控制的行业情况。

1. 高技术产业外资市场控制的行业情况

根据历年《中国高技术产业统计年鉴》的相关数据计算得出的结果见图 6-8。

从图 6-8 可以看出，电子计算机及办公设备制造业的外资市场控制度最高，在 2000 年就已突破 20%，2003 年突破 90% 大关，直至 2007 年达到 95% 的外资市场控制水平，并且该产业外资市场控制度的增长速度是相对最大的。2000 年以前电子及通信设备制造业外资市场控制度与电子计算机及办公设备制造业基本持平，之后一直保持稳定的水平，增长幅度很低，可见，电子及通信设备制造业在引用外资上较电子计算机及办公设备制造业拥有一定程度的控制能力。近两年来，电子计算机及办公设备制造业和电子及通信设备制造业的外资市场控制度有所下降，说明这两个行业的内资企业取得了卓有成效的发展。这跟我国政府大力扶持电子信息产业的政策有直接关系。在五个产业中，航空航天器制造业外资市场控制度一直保持在 20% 以下，外资市场控制程度最低，这充分体现出我国航空航天事业的国家控

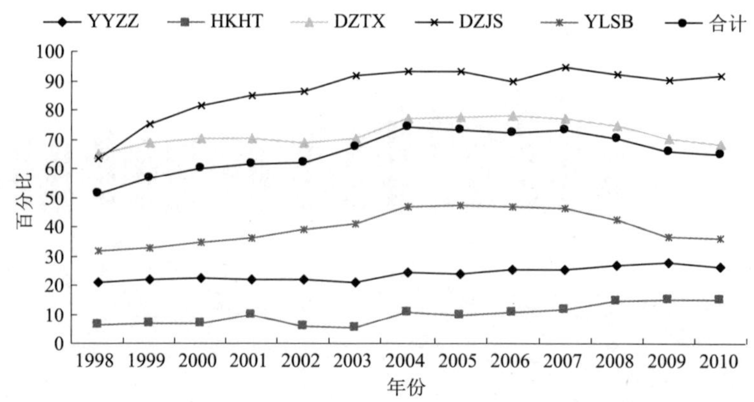

图 6-8　1998—2010 年中国高技术产业细分行业外资市场控制情况

注："YYZZ，HKHT，DZTX，DZJS，YLSB"分别为医药制造业、航空航天器制造业、电子通信设备制造业、电子计算机及办公设备制造业、医疗设备及仪器仪表制造业的前四个字首字母，分别代表这五个产业。

数据来源：① 根据《中国高技术产业统计年鉴》的相关数据整理、计算得到。其中 1998—2002 年的数据来自《2003 中国高技术产业统计年鉴》，"高技术产业主营业务收入"的统计项目为"中国主要年份销售收入（按行业分组）"，"高技术产业三资企业主营业务收入"的统计项目为"中国主要年份三资企业销售收入（按行业分组）"；2003—2007 年数据来自《2008 中国高技术产业统计年鉴》，统计项目为中国主要年份（三资企业）主营业务收入统计（按行业分组）；2008—2010 年数据来自《2011 中国高技术产业统计年鉴》，统计项目为中国主要年份（三资企业）主营业务收入统计（按行业分组）。② 其中 1998—2008 年的数据口径为全部国有及年销售收入在 500 万元以上的非国有工业企业；2009—2010 年数据口径为年销售收入在 500 万元及以上的工业企业。

制能力。

2. 机械制造业外资市场控制的行业情况

根据《中国统计年鉴》（2000—2011）的相关数据，可以计算出机械制造业五大细分行业的外资市场控制度，结果见图 6-9。

从图 6-9 可以看出：仪器仪表制造业的外资市场控制度最高，在 2004 年超过了 72%，到 2006 年开始下降，但仍维持在 50% 的控制水平；排在第二位的在 1999—2003 年是金属制品业，在 2004—2010 年是电气机械及器材制造业；除仪器仪表制造业外，其余四个细分行业的外资市场控制度在近十二年以来变化幅度较小，并在 2009 年都有下降趋势，这与 2008 年的全球金融危机有一定的关系，2010 年各项指标都趋于稳定。

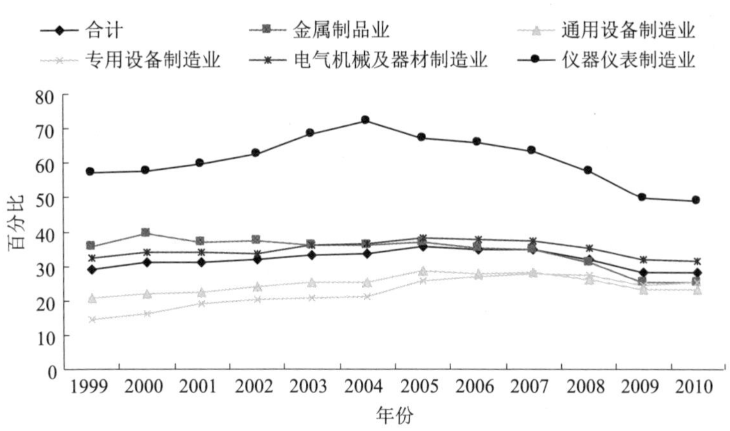

图 6-9 1999—2010 年中国机械制造业细分行业外资市场控制情况

注：1998—2002 年没有“通用设备制造业”，所用数据为“普通机械制造业”，以下均同此。

数据来源：根据《中国统计年鉴》（2000—2011）相关数据整理、计算得到。

国际通行的外资市场控制警戒线标准是 30%（王苏生等，2008a）。根据这一标准，在机械制造业 5 个细分行业中，只有通用设备制造业和专用设备制造业的外资市场控制度低于这一标准，其他 3 个细分行业及机械制造业总的外资市场控制度都偏高。需要指出的是，外资企业较高的市场份额并不代表其垄断了该产业的市场，我国的机械制造业仍属于竞争较充分的产业，当然，跨国公司利用其技术、品牌、资金等优势，对国内龙头企业进行并购，进而构筑起较高的行业进入壁垒，从而有可能形成市场垄断，并对国家产业安全产生潜在的威胁，值得关注（王苏生等，2008a）。

二、技术控制

对外商而言，保持技术垄断比市场更为重要，外资为了维护其技术优势，避免技术扩散，对关键技术或核心技术往往严加封锁，转移给东道国的技术往往是并不先进甚至是已经淘汰的技术。另外，外资在取得控股权后，往往取消东道国原有企业的技术开发机构，使其依附于外资母公司研究开发机构所提供的技术，从而形成了对外资技术的路径依赖，削弱了东道国的自主技术开发和创新能力。

（一）外资技术控制的总体情况

目前外资技术控制度的衡量标准很不统一，由于资料所限，本文用外企发明专利授权量占各年度全国发明专利总授权量的比重对外资技术控制度进行初步的衡量，该指标从技术角度反映外资对国内产业控制的情况。从图 6-10 可以看出，1999—2011 年，工业企业外资拥有专利控制度呈现一定的波动性，2007 年外资对我国工业拥有专利的控制程度已达到 32.29%；该值从 2007 年开始曾有所下降，但外资拥有专利控制度平均水平也在 25% 以上，在拥有专利这一项上，我国工业安全面临一定威胁。从图 6-11 可以看出，1991—2000 年，外资企业在华的技术溢出效应也呈现一定的波动性，但总体上呈下降趋势，尤其从 1993 年以来，外资技术溢出效应大幅度下降。这也印证了美国经济学家邓宁的结论，邓宁通过对美国企业在英国制造业直接投资，以及日本、美国在欧洲各国半导体产业的直接投资的研究得出，国外直接投资均显现出明显的技术溢出效应，但在发展中国家这种效应并不明显。总之，外资企业对华的技术控制在增强，技术溢出效应在减弱，说明我国通过吸引外资提高技术创新能力的目标并没有实现。

图 6-10 1999—2011 年我国外资拥有专利控制度

数据来源：2006—2011 年数据根据 2007—2012 年《中国统计年鉴》有关数据整理、计算得到；1999—2005 年数据根据 2000—2006 年《中国科技统计年鉴》整理、计算得到。

下面再以我国高技术产业和机械制造业为例，说明外资技术控制的总体情况，同样采用外资拥有发明专利控制度这个指标。

1. 高技术产业外资技术控制的总体情况

根据《中国高技术产业统计年鉴》的相关数据，可以计算出我国高技术产业外资拥有发明专利控制度，结果如表 6-13 所示。

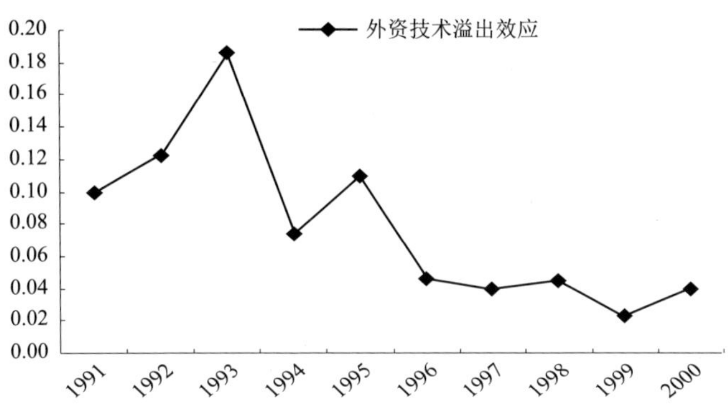

图 6-11　1991—2000 年外资企业在华的技术溢出效应

数据来源：包群，赖明勇. FDI 技术外溢的动态测算及原因解释［J］. 统计研究，2003（6）.

表 6-13　1999—2010 年中国高技术产业外资拥有发明专利控制总体情况

年份	高技术产业三资企业拥有发明专利数/项	高技术产业拥有发明专利数/项	外资拥有发明专利控制度/%
1999	160. 00	845. 00	18. 9
2000	435. 00	1 443. 00	30. 1
2001	368. 00	1 553. 00	23. 7
2002	440. 00	1 851. 00	23. 8
2003	1 300. 00	3 356. 00	38. 7
2004	1 761. 00	4 535. 00	38. 8
2005	1 913. 00	6 658. 00	28. 7
2006	3 469. 00	8 141. 00	42. 6
2007	6 461. 00	13 386. 00	48. 3
2008	8 732. 00	23 915. 00	36. 5
2009	11 916. 00	41 170. 00	28. 9
2010	15 899. 00	50 166. 00	31. 7

数据来源：① 根据《中国高技术产业统计年鉴》的相关数据整理、计算得到。其中 1999—2003 年数据来自《2004 中国高技术产业统计年鉴》，2004—2007 年数据来自《2008 中国高技术产业统计年鉴》，2008—2010 年数据来自《2011 高技术产业统计年鉴》，“高技术产业拥有发明专利数”的统计项目为“中国主要年份拥有发明专利数（按行业分组）”，“高技术产业三资企业拥有发明专利数”的统计项目为“中国主要年份三资企业拥有发明专利数（按行业分组）”。2009—2010 年外资企业拥有发明专利数量由港澳台投资企业拥有发明专利数和外商投资企业拥有发明专利数加总所得。② 所有年份的数据口径均为大中型工业企业。

从表 6-13 可以看出，外资拥有发明专利控制度总体上低于外资市场控制度，1999—2010 年有五年外资拥有发明专利控制度低于 30%，最高为 48.3%，低于外资市场控制度的平均水平，由此可见，我国国内企业自主创新能力近年来有所增强，国家支持教育科研的政策间接发挥作用，从而导致我国高技术产业外资拥有发明专利控制度虽然增长趋势较为明显，但也存在显而易见的波动。2007—2009 年的数据显示外资拥有发明专利控制度有降低的趋势，说明国内企业抵抗外资技术控制的能力有所加强。但是 2010 年又有回升的趋势，国内企业还是应该加强自主创新意识。

2. 机械制造业外资技术控制的总体情况

根据《中国科技统计年鉴》（2000—2009）的相关数据，可以计算出 1999—2008 年中国机械制造业的外资拥有发明专利控制度，结果见表 6-14。

表 6-14　1999—2008 年中国机械制造业外资拥有发明专利控制总体情况

年份	机械制造业三资拥有发明专利数/项	机械制造业拥有发明专利数/项	外资拥有发明专利控制度/%
1999	274.00	2 401.00	11.4
2000	371.00	1 878.00	19.8
2001	441.00	2 502.00	17.6
2002	651.00	2 497.00	26.1
2003	1 382.00	6 298.00	21.9
2004	2 367.00	12 602.00	18.8
2005	2 138.00	6 548.00	32.7
2006	2 272.00	9 209.00	24.7
2007	4 655.00	13 858.00	33.6
2008	6 856.00	26 021.00	26.4

注：《中国科技统计年鉴》（2010—2011）无 2009 年和 2010 年的外资拥有发明专利统计数据，故无法计算 2009—2010 年的外资拥有发明专利控制度。

数据来源：根据《中国科技统计年鉴》（2000—2009）相关数据整理、计算得到。其中：① 1999—2000 年的统计项目是“分行业大中型工业企业技术开发产出统计”；2001—2003 年和 2005—2007 年的统计项目是“分行业大中型工业企业科技项目与专利统计”；2004 年和 2008 年的统计项目为“分行业规模以上工业企业科技项目与专利统计”；② 1999 年没有“拥有发明专利数”，数据为“专利授权”数。

从表 6-14 可以看出，机械制造业的外资专利控制度是浮动上升的，2007 年达到这十年的最高水平，为 33.6%，尽管 2008 年有所下降，但幅度较小，其控制度仍超过了 25%。

（二）外资技术控制的行业情况

同样以我国高技术产业和机械制造业为例，说明外资技术控制的行业情况。

1. 高技术产业外资技术控制的行业情况

根据《中国高技术产业统计年鉴》相关数据可以计算得到 1999—2010 年中国高技术产业细分行业外资拥有发明专利控制度，如图 6-12 所示。

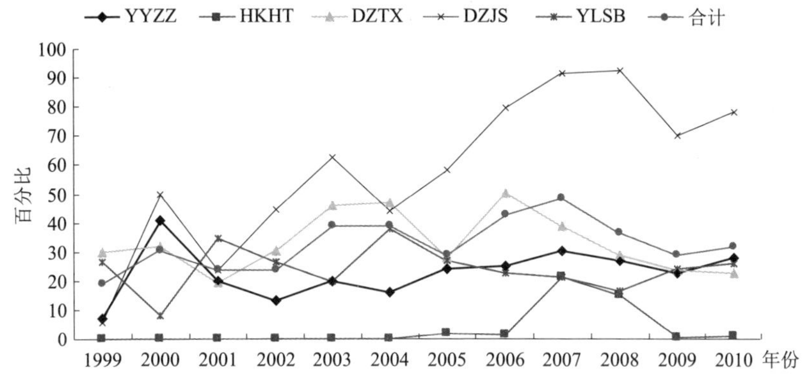

图 6-12 1999—2010 年中国高技术产业细分行业外资拥有发明专利控制情况

注：“YYZZ，HKHT，DZTX，DZJS、YLSB”分别为医药制造业，航空航天器制造业，电子通信设备制造业，电子计算机及办公设备制造业，医疗设备及仪器仪表制造业的前四个字首字母，分别代表这五个产业。

数据来源：① 根据《中国高技术产业统计年鉴》相关数据计算得到。2009—2010 年外资企业拥有发明专利数量由港澳台投资企业拥有发明专利数和外商投资企业拥有发明专利数加总所得。② 所有年份的数据口径均为大中型工业企业。

从图 6-12 可以看出：① 外资拥有发明专利数控制度的波动幅度大于外资市场控制度，尤其是电子计算机及办公设备制造业、电子通信设备制造业、医疗设备及仪器仪表制造业三个产业，外资拥有发明专利控制度随着年份的波动非常显著。② 在五个产业中，电子计算机及办公设备制造业的外资拥有发明专利控制度 2004 年以前波动剧烈，2004—2008 年持续上升，2009 年急剧下降，这一方面说明整体上国内企业技术创新能力远远不如外资企业，另一方面也反映了我国针对外资对我国该产业安全日渐加剧的威胁采取了相关政策措施并取得了一定的成效。③ 尽管航空航天器制造业外资技术控制度在2006年以前一直接近零，然而，2006—2009年该指标巨大的波动必须引起有关部门的注意。④ 2010年五个指标又呈现上升的态势，尤其是电子计算机及办公设备制造业，应当予以关注。

2. 机械制造业外资技术控制的行业情况

根据《中国科技统计年鉴》（2000—2009）的相关数据，可以计算出机械制造业五大细分行业的外资拥有发明专利控制度，结果见图6-13。

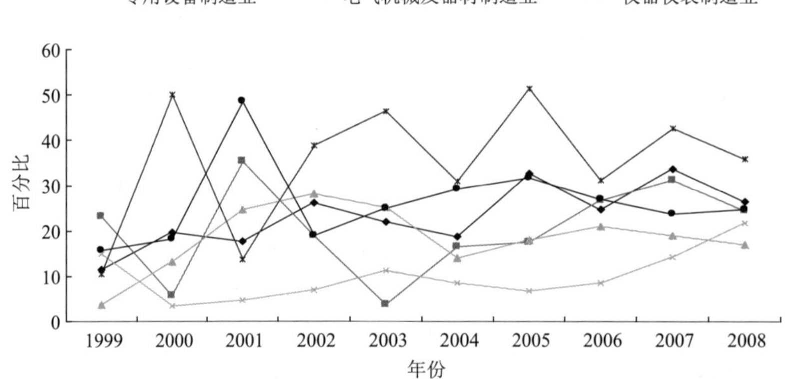

图6-13　1999—2008年中国机械制造业细分行业外资拥有发明专利控制情况

注：《中国科技统计年鉴》（2010—2011）无2009年和2010年的外资拥有发明专利统计数据，故无法计算2009—2010年的外资拥有发明专利控制度。

数据来源：根据《中国科技统计年鉴》（2000—2009）相关数据整理、计算得到。

从图6-13可以看出，机械制造业中的金属制品业、电气机械及器材制造业和仪器仪表制造业的外资专利控制度极不稳定。电气机械及器材制造业的外资拥有发明专利控制度在2005年高达51.41%，外资对该行业达到了绝对控制，产业安全性较低。专用设备制造业的外资拥有发明专利控制度在2007年及以前均低于20%，但自2006年以来一直呈上升趋势，且上升幅度较大，在2008年达到21.73%。2008年除专用设备制造业和仪器仪表制造业外，金属制品业、通用设备制造业和电气机械及器材制造业的外资拥有发明专利控制度都有所下降，分别为24.28%、17.04%和35.92%。

三、股权控制

外资在进入东道国初期，由于各种因素的限制以及出于自身安全的考虑，多采用合资的方式，但发展到一定时期，往往会倾向于独资或通过各种方式谋求在合资企业的控股权，以期形成对东道国企业的股权控制，最终有可能控制东道国的产业，从而削弱东道国对本国产业的实际控制力，带来产业风险。

（一）外资股权控制的总体情况

外资企业控制我国产业发展的重要手段之一就是控制和提高在投资企业中的控股权。其途径主要有：① 在新批外商直接投资中，外商独资企业所占比例有了显著的提高，成为利用外资的主导方式。从1998—2003年，外商直接投资进入我国的方式发生了明显的变化。自从1998年起，外商独资经营企业所占比例首次超过了中外合资经营企业，成为我国主要的外资利用方式。此后，外商独资企业所占的比例一直急剧增长，从1998年的41.8%增加到2002年的69.18%，大大超过中外合资企业和中外合作企业所占的份额，成为跨国公司进入中国的主流方式。② 原有一些合资企业的外方想方设法谋求增资控股，其中许多合资企业最终变更为外商独资企业。③ 通过收购、兼并的方式直接成立独资公司或至少达到绝对控股。第一种途径直接达到控制股权和产业的目的；第二种和第三种途经则是逐渐地增加控股权，进而取得对我国产业的控制。为了反映外资企业股权控制情况，采用外资股权控制度指标对其进行定量描述。根据《中国统计年鉴》（2000—2012）数据，用“外资工业企业所有者权益”比上“全国工业企业所有者权益”，所得结果如图6-14所示。

从图6-14可以看出，1999—2007年外资对我国工业的股权控制度逐年上升，到2007年达到最大值27.5%，但2008年开始已有下降的趋势。从股权控制的角度，外资对我国工业的股权控制情况比较稳定，但控制度已接近30%，需要引起警惕，严格限制外资对我国工业的股权控制度在30%以下。

下面以我国机械制造业为例，说明外资股权控制的总体情况。

根据《中国统计年鉴》（2000—2011）的相关数据，可以计算出1999—2010年机械制造业的外资股权控制度，结果见表6-15。

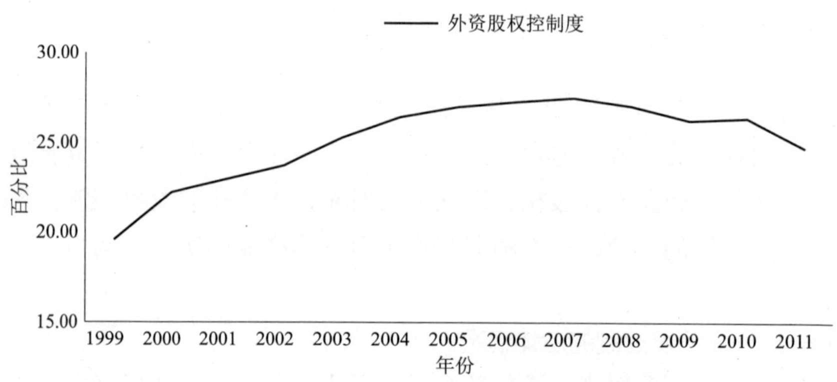

图 6-14 1999—2011 年工业企业外资股权控制度

数据来源：根据《中国统计年鉴》（2000—2012）相关数据整理、计算得到。

表 6-15 1999—2010 年中国机械制造业外资股权控制总体情况

年份	机械制造业外资所有者权益/亿元	机械制造业所有者权益/亿元	外资股权控制度/%
1999	1 649. 11	5 656. 32	29. 2
2000	1 893. 80	6 129. 72	30. 9
2001	2 256. 98	6 856. 72	32. 9
2002	2 492. 83	7 555. 10	33. 0
2003	3 016. 88	8 905. 36	33. 9
2004	4 004. 18	11 150. 90	35. 9
2005	4 991. 47	13 396. 44	37. 3
2006	6 146. 64	16 257. 59	37. 8
2007	7 953. 91	21 038. 88	37. 8
2008	9 864. 82	28 056. 39	35. 2
2009	10 925. 87	32 772. 14	33. 3
2010	13 324. 95	42 321. 29	31. 5

注：2004 年的数据缺失，这里取 2003 年数据和 2005 年数据的平均数。

数据来源：根据《中国统计年鉴》（2000—2011）相关数据整理、计算得到。其中，1999—2006 年的统计项目是“按行业分‘三资’工业企业主要指标”和“按行业分全部国有及规模以上非国有工业企业主要指标”；2007—2010 年的统计项目是“按行业分外商投资和港澳台商投资工业企业主要指标”和“按行业分规模以上工业企业主要指标”。

从表 6-15 可以看出，外资对我国机械制造业总的股权控制度在 1999—2006 年呈上升趋势，到 2007 年趋于平缓并有所下降，2010 年，其外资股权控制度为 31.5%，比 2007 年下降 6.3%。

（二）外资股权控制的行业情况

从表 6-16 可以看出，目前在很多行业的合资企业中，外方控股的比例都居于主导地位，特别是在技术要求比较高、有发展前景的彩电显像管、电梯、医药等行业。跨国公司是 FDI 的行为载体，它们凭借雄厚的实力，越来越重视企业的控制权，外商独资和控股的局面造成股权失衡，部分产业部门中外资甚至达到了市场垄断地位。

表 6-16　部分行业中外合资企业股权控股比例

行业名称	外方控股比例/%	中方控股比例/%	双方股权对等
机械行业	21.00	67.00	12.00
化纤行业	48.91	49.00	2.09
纺织行业	52.03	45.38	2.59
家用电器行业	75.00	15.00	10.00
彩电显像管行业	93.30	6.70	0
玻璃行业五大企业	60.00	40.00	0
电梯行业五大企业	100.00	0	0
洗涤用品 15 家主要企业	86.70	13.30	0
医药行业 13 家主要企业	92.30	7.70	0

资料来源：徐莲子，谢保嵩. 外商直接投资与我国经济安全［J］. 经济体制改革，2003（2）.

从表 6-17 可以看出，外资企业对我国工业企业整体控制度为 24.72%，而我国股权控制度排名前 15 的行业的外资股权控制水平均超过我国工业企业整体控制度，尤其通信设备、计算机及其他电子设备制造业，文教体育用品制造业，皮革、毛皮、羽毛（绒）及其制品业的外资控制水平超过 50%，说明外资在这些行业已经拥有绝对控股优势。

表 6-17　2011 年各行业外资股权控制度

行业	全国工业企业所有者权益/亿元	外资工业企业所有者权益/亿元	外资股权控制度/%
全国总计	282 003.81	69 702.34	24.72

续表

行业	全国工业企业所有者权益/亿元	外资工业企业所有者权益/亿元	外资股权控制度/%
通信设备、计算机及其他电子设备制造业	17 059.67	9 919.82	58.15
文教体育用品制造业	872.47	493.35	56.55
皮革、毛皮、羽毛（绒）及其制品业	2 188.54	1 125.13	51.41
造纸及纸制品业	4 630.45	2 139.89	46.21
燃气生产和供应业	1 559.02	686.99	44.07
纺织服装、鞋、帽制造业	3 529.34	1 458.83	41.33
仪器仪表及文化、办公用机械制造业	3 061.03	1 204.21	39.34
塑料制品业	4 551.61	1 780.24	39.11
交通运输设备制造业	20 925.28	8 135.73	38.88
食品制造业	4 250.49	1 588.32	37.37
橡胶制品业	2 133.85	785.85	36.83
家具制造业	1 395.43	496.73	35.60
化学纤维制造业	1 991.55	690.58	34.68
工艺品及其他制造业	1 776.39	598.05	33.67
印刷业和记录媒介的复制	1 636.90	522.33	31.91

数据来源：根据《中国统计年鉴》（2012）数据整理、计算而得。其中“全国工业企业所有者权益”指“全国规模以上工业企业所有者权益”，“外资工业企业所有者权益”指“外商投资和港澳台商投资工业企业所有者权益”，外资股权控制度等于“外资工业企业所有者权益”比“全国工业企业所有者权益”。

综上所述，无论从合资企业外资控制角度还是从行业外资控制度角度看，外资对我国一些行业已经拥有相对或绝对的股权控制。

下面以我国机械制造业为例，说明外资股权控制的行业情况。

根据《中国统计年鉴》（2000—2011）的相关数据，可以计算出机械制造业五个细分行业的外资股权控制度，结果见图 6-15。

从图 6-15 可以看出：五大细分行业自 2002 年以来外资股权控制度全部超过 20%，其中，仪器仪表制造业在 2003—2006 年超过 50%。一般来讲，单个企业外资股权份额超过 20% 即达到对企业的相对控制，超过 50% 即达到

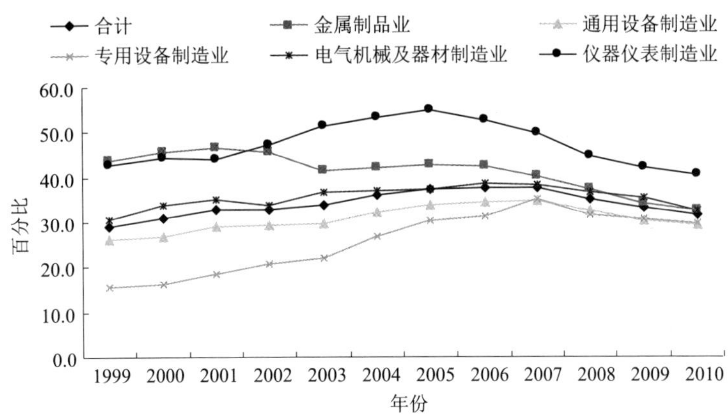

图 6-15　1999—2010 年中国机械制造业细分行业外资股权控制情况

数据来源：根据《中国统计年鉴》（2000—2010）相关数据整理、计算得到。

对企业的绝对控制（何维达和何昌，2002）。由此可见，自 2002 年以来，外资对我国机械制造业的五大细分行业已达到了相对控制的程度，在 2003—2006 年对仪器仪表制造业达到了绝对控制的程度。

四、品牌控制

外商在合资企业中取得控股地位后，东道国企业的产品品牌往往被束之高阁，被国外品牌所取代。也有的外资企业将东道国原有的商标定位于低档产品，造成东道国商品的价值下降。品牌的逐渐流失实际上是无形资产的流失，对于东道国产品和产业的长远发展，无疑是一种巨大的损失。更重要的是在外资品牌控制的态势下，会加速消费者对国外产品及品牌的认同心理，容易造成对外国产品的崇拜和对本国产品的歧视，在潜移默化中就会影响到东道国的产业安全。

（一）外资品牌控制的总体情况

品牌控制实质上是市场控制的另一种表现形式。外资公司在进入东道国时，都会采取各种手段推广自己的品牌，通过强大的营销能力，排挤和打压东道国本土品牌在消费者心目中的地位。而我国在引入外资的过程中付出的代价，也不仅仅是市场份额，还有尚未成熟的民族品牌。特别是进入 21 世纪后，来自发达国家的跨国公司以其雄厚的资金、技术实力以及先进的营销手段，凭借全球化所带来的“竞争平台”，通过遍及全球的生产与销售网络，牢牢控制了世界品牌市场格局，发展中国家品牌的生存环境空前恶化。其品牌面临着多方面的挑战。具体表现在：① 发展中国家品牌处于明显的声誉劣势地位；② 发展中国家正在失去维护本国品牌的基础和支撑；③ 发展中国家品牌受到跨国公司品牌的严重挤压。

外资产品在中国市场上所占的份额除了表现为销售额在国内市场中所占比例之外，还表现为外资品牌在市场上的占有率，实行品牌控制是外资抢占我国市场的重要手段之一，无论是合资、合作，还是独资企业都十分注重对自有品牌的控制。外资公司在进入东道国时，都会采取各种手段推广自己的品牌，通过强大的营销能力，排挤和打压东道国本土品牌在消费者心目中的地位；同时由于我国产品的技术含量与国外产品存在一定差距，又缺乏保护措施，致使国内相应产品市场部分或绝大部分被外国品牌所占有，见表 6-18。据调查，与外商合资的大多数企业均采用外国的商标，外商通过收购或变相削弱中方商标的行为来逐步控制中国市场。具体做法是：在合资时要求中方将商标转让给合资企业，然后利用中方的销售渠道推销标有外方商标的产品，待外方商标知名度提高后，逐步减少直至停止对中方商标的使用，使我国遭受难以估计的损失。而且一旦外资企业垄断了我国的国内市场，跨国公司往往就会长期将其在母国已被淘汰的产品投放到中国市场，价格还居高不下，导致低转移现象，也即转出国必定是将相对过时或绝对成本优势丧失的产业转移出去，而将刚刚成长起来的或绝对成本优势明显的产业保留下来继续发展，由此规定了转出国和转入国之间的产业级差，对我国产业安全造成安全隐患。

表 6-18 部分外商直接投资企业在国内市场的占有比例

行业	外资企业销售额在国内市场的份额/%	相应的外国企业
轿车（1998 年）	80.4	大众/富康/夏利
手机（1997 年）	83.6	摩托罗拉/爱立信/诺基亚
碳酸饮料（1997 年）	82.1	可口可乐/百事可乐
洗发护发产品（1997 年）	95 以上	宝洁等

资料来源：薛求知. 跨国公司与中国市场. 上海：上海人民出版社，2000.

从表6-18可以看出，在我国轿车市场、手机市场、碳酸饮料市场和洗发护发产品市场，外资企业销售额占国内市场份额均在80%以上，尤其是在洗发护发产品市场外资企业销售额占国内市场份额高达95%以上，几乎垄断了该市场。如可口可乐自从十多年前大举进入中国市场后就迅速做大，而汇源等民族品牌虽然也迅猛发展，但与可口可乐相比仍然是“小巫见大巫”。可口可乐拥有中国软饮市场15.5%的份额、碳酸饮料市场54%的份额，占有中国果汁市场9.7%的份额，仅凭一款果粒橙就拿下果汁市场第二名，2007年在中国收入增幅达到18%。保洁公司从1988年进入中国市场以来，在成功推出飘柔、海飞丝、潘婷、舒肤佳、玉兰油、护舒宝、碧浪、汰渍等系列产品并主导了中国日化消费品牌潮流之后，2004年5月11日，它终于与其在华合作老伙伴和黄分道扬镳，并宣告一个月内实现在华独资。在此前不久，国际知名品牌雅芳也宣布了与美晨达成的“分手协议”。欧莱雅在闪电式打败竞争对手资生堂后，成功地将中国本土大众化妆品品牌“小护士”收编自己囊中。独资后的跨国企业独立于本土工业，它们接下来在中国市场展开的一系列经营战略让中国本土品牌在几乎毫无招架之力的情况下最终选择了消失和逃避。曾经占本土市场份额第一的“大宝”已在一级百货销售渠道消失踪影，转战农村市场。除洗发水和洗衣粉外几乎所有日化产品和化妆品本土品牌均被挤到二、三线城市。外资对这些市场的控制度高达80%以上，拥有绝对的垄断优势，对我国产业组织安全产生了不利影响。

（二）外资品牌控制的行业情况

发达国家的跨国公司以其雄厚的资金、技术实力及先进的营销手段，凭借全球化所带来的“竞争平台”，通过遍及全球的生产与销售网络，牢牢控制了世界品牌市场格局，使我国民族品牌的生存环境空前恶化。其品牌面临着多方面的挑战。

（1）电子及通信设备业。电子及通信设备业主要包括集成电路制造业、计算机制造业、程控交换机制造业、移动通信设备制造业和家电制造业等。其中绝大部分产业在许多国家被列入特殊保护领域，如美国、法国、日本等，但是在我国外资品牌却占主导地位。例如，计算机制造业主要外资品牌有英特尔、微软等。英特尔垄断着中国的PC芯片市场；在操作系统和文档处理软件市场，微软的Windows操作系统和Office软件处于垄断地位。再如，家电制造业。凡与国际著名跨国公司合资的家电企业，其主导产品几乎都用外方的品牌。另外，集成电路制造业，跨国公司实行严格的技术封锁；移动通信设备制造业，外资品牌仍占据绝对优势；程控交换机制造业，基本上被合资企业所占据，如上海贝尔、北京西门子、天津 NEC、青岛 ATT、南京爱立信通等程控交换机生产企业，但近年来格局有了一些转变，一批内资企业如华为、中兴、大唐等开始兴起和发展。

（2）装备制造业。中国是工程机械生产大国，一线工程机械生产企业是跨国公司收购的第一目标。利用国企“产权改革”，以及中国机械工业在国际竞争压力下陷入萧条的机会，外资开始蚕食中国工程机械行业核心企业，如卡特彼勒作为“财富 500 强”中世界最大的工程机械制造公司收购了山工机械有限公司 40% 的股份，拉开了外资品牌进入我国工程机械领域的序幕。据不完全统计，外资已经收购的国内企业有西北轴承、锦西化机、无锡威孚、大连电机等。如合肥矿山机械厂曾是我国挖掘机行业的著名企业，它生产的 WY60A 液压挖机 1986 年获国优金牌。1995 年日本日立建机和合肥矿山机械厂合资成立了合肥日立挖掘机公司。合肥矿山机械厂以其产品品牌和销售网络等无形资产作价 2 300 万元，共出资 6 250 万元，占合资公司总股份的 25%。于是合肥矿机的产品开发权、销售权、组装权和原材料采购权等重要职能均转移到合资企业，成了日本公司典型的配套厂，一度享有盛誉的名牌企业和名牌产品从此“嫁人改姓”。2001 年经合肥市批准，成为日本日立建机公司独资企业，原合肥矿山机械厂从此被解体，品牌消失。

（3）日化行业。20 世纪 90 年代，宝洁、联合利华等跨国公司开始进军中国日化行业，外资大举进入，使中国民族工业品牌面临严峻挑战。如“活力 28，沙市日化”响彻大江南北，牙膏中的“美加净”“中华”畅销全国，但如今这些中国本土的日用品品牌开始逐渐淡出人们的视线。1994 年前后，我国日化品牌纷纷开始与外资合并。例如，“熊猫”牌洗衣粉原属于北京日化二厂的产品，在 20 世纪 90 年代曾是一个国内知名洗衣粉品牌。1994 年，“熊猫”与美国宝洁合资，北京日化二厂以品牌、厂房等参股 35%；宝洁以 65% 的股份控制合资公司。宝洁公司买断了“熊猫”品牌 50 年的使用权，并支付了 50 年品牌的使用费 1.4 亿元。为了加快国外品牌取代“熊猫”品牌的进程，由外方控股的公司将“熊猫”洗衣粉的价格在原来价格的基础上提高 50%，该方法实施 7 年后，“熊猫”洗衣粉产量下降为原来的 6.67%，为宝洁旗下的洗衣粉品牌的全面扩张铺平了道路。外商利用现成的生产线和劳动力，为其自有品牌服务，以达到垄断市场的目的。导致中国名品牌产品销声匿迹的例子还有“金鸡鞋油”和“天府天乐”等，以至于在某些市场上国外品牌占据了垄断地位，形成对中国传统品牌的强大冲击。随着时间推移，国内民族品牌逐渐减少，洋品牌越来越充斥于市场，但国内企业逐渐发觉，引入外资虽然学到了一些先进的管理经验，但是自主品牌却遭遇“雪藏”，外资品牌趁机迅速扩大市场份额。于是展开了一场内资回购运动，如广州浪奇将其在广州浪宝中 22% 的股份转手后出资 3 300 万元收回了“高富力”的洗衣粉商标专用权。

（4）流通领域。在我国的流通领域，主要外资企业有易初莲花、家乐福、沃尔玛、麦德龙等，其中大型超市外资占 80% 以上，外资依靠品牌优势，进行商品竞争，进而达到控制我国流通领域的目的。自 2004 年 12 月中国零售业对外资全面放开以来，外资企业进一步加大了在我国的开店速度。如沃尔玛于 2005 年在中国开店数为 13 家，2006 年在中国的开店数为 20 家，其扩张速度大大增加。而国内的零售品牌相对比较弱小，物流保障系统、售后服务和管理相对落后，如何与外资品牌进行竞争，仍是一个亟须解决的问题。

五、资产控制

工业对国民经济的发展发挥着重要作用。2009 年，我国工业的国内生产总值达到 135 239.9 亿元，占 GDP 的 39.7%①。我国工业的外商直接投资额自 1999 年以来基本呈现上升趋势，1999 年，外商直接投资额为 2 686 322 万美元，到 2004 年上升到 4 469 148 万美元，涨幅达到 66.2%，在 2005 年和 2006 年外商直接投资额有所下降，但仍保持在 4 000 000 万美元以上，2008 年我国工业的外商直接投资额达到 5 216 368 万美元，受国际金融危机的影响，2009 年，其投资额有所下降，为 4 938 411 万美元②。由此可见，我国

① 数据来源：根据《中国统计年鉴》（2010）相关数据整理得到。其中，统计项目为“国内生产总值”。

② 数据来源：根据《中国统计年鉴》（2000—2010）相关数据整理、计算得到。统计项目为“按行业分外商直接投资”。

工业利用外资数较大，可能对我国工业的产业组织安全产生一定影响，本节将分析外资对我国企业的资产控制情况。外资对资产的控制可以从外资对该产业总资产的控制和固定资产净值的控制来衡量。

（一）外资资产控制的总体情况

1. 外资总资产控制的总体情况

总资产是指某一经济实体拥有或控制的、能够带来经济利益的全部资产，反映外资总资产控制情况的是外资总资产控制度，它从总资产的角度反映了外资对我国相关产业的控制程度。工业的外资总资产控制度可以用外资工业企业总资产与我国工业企业总资产之比来表示。根据《中国统计年鉴》（2000—2012）的相关数据，可以计算出1999—2011年外资对工业的总资产控制度，结果见表6-19。

表6-19 1999—2011年我国工业外资总资产控制的总体情况

年份	外资工业企业总资产/亿元	工业企业总资产/亿元	外资总资产控制度/%
1999	23 018.92	116 968.89	17.80
2000	25 714.06	126 211.24	20.32
2001	28 354.46	135 402.49	20.90
2002	31 513.76	146 217.78	21.49
2003	39 260.26	168 807.70	23.26
2004	47 951.13	195 261.69	24.56
2005	64 308.47	244 784.25	26.27
2006	77 108.65	291 214.51	26.48
2007	96 367.04	353 037.37	27.30
2008	112 145.01	431 305.55	26.00
2009	124 477.56	493 692.86	25.21
2010	148 552.32	592 881.89	25.06
2011	161 987.74	675 796.86	23.97

数据来源：根据《中国统计年鉴》（2000—2012）相关数据整理、计算得到。其中：①“外资工业企业总资产”指中国统计年鉴1999—2006年中的“‘三资’工业企业总资产”和2007—2011年中的“外商投资和港澳台商投资工业企业总资产”；②“工业企业总资产”指中国统计年鉴1999—2006年中的“全部国有及规模以上非国有工业企业总资产”和2007—2011年的“规模以上工业企业总资产”。

从表 6-19 可以看出，自 1999 年以来，我国工业的外资总资产控制度整体上呈现上升趋势，到 2007 年达到最大值 27.3%，随后缓慢下降，2011 年外资控制度降为 23.97%。可见，外资工业企业总资产占工业企业总资产的比重已超过 20%的标准值，从总资产控制的角度来讲，外资对我国工业构成一定的威胁。

下面以我国高技术产业和机械制造业为例，说明外资总资产控制的总体情况。

（1）高技术产业外资总资产控制的总体情况。

根据《2003 中国高技术产业统计年鉴》《2008 中国高技术产业统计年鉴》及《2011 中国高技术产业统计年鉴》的三资企业和整个产业的合计数据对我国高技术产业外资总资产总体控制度进行计算，形成表 6-20。

表 6-20 1999—2010 年中国高技术产业外资总资产控制总体情况

年份	高技术产业三资企业年末固定资产原价/亿元	高技术产业年末固定资产原价/亿元	外资总资产控制度/%
1999	990.92	2 803.52	35.4
2000	1 195.35	3 141.49	38.1
2001	1 793.24	4 016.35	44.7
2002	2 123.94	5 883.38	36.1
2003	2 976.95	5 540.64	53.7
2004	4 319.20	6 925.87	62.4
2005	5 576.08	8 717.06	64.0
2006	6 546.74	10 044.48	65.2
2007	8 354.19	12 124.21	68.9
2008	9 760.15	14 437.54	67.6
2009	10 818.15	17 597.99	61.5
2010	11 935.77	22 048.39	54.1

注：统计年鉴中的单位为万元，这里换算为亿元。

数据来源：① 根据《中国高技术产业统计年鉴》的相关数据整理、计算得出。其中 1999—2002 年数据来自《2003 中国高技术产业统计年鉴》，2003—2007 年数据来自《2008 中国高技术产业统计年鉴》，2008—2010 年数据来自《2011 中国高技术产业统计年鉴》，“高技术产业年末固定资产原价”的统计项目为“中国主要年份年末固定资产原价统计（按行业分组）”，“高技术产业三资企业年末固定资产原价”的统计项目为“中国主要年份三资企业年末固定资产原价统计（按行业分组）”。2009—2010 年固定资产数据由 2008 年年末固定资产加上 2009 年新增固定资产计算得出，且 2009—2010 年外资企业新增固定资产由港澳台投资企业新增固定资产数据和外商投资企业新增固定资产数据加总所得。② 1999—2002 年数据口径为投资额在 50 万元以上的基本建设项目和更新改造项目的基本情况；2003—2010 年数据口径为投资额在 50 万元以上的全部项目的基本情况。

从表 6-20 可以看出，1999—2007 年外资对我国高技术产业的总资产控制度随年份增长快、增幅大，2008—2010 年有所下降，但整体上外资总资产控制度的数值比技术控制度的数值都高。由此可见，外资不仅在我国高技术产业的市场和技术方面占有较大份额，并且外资总资产占整个高技术产业的比重更大。

（2）机械制造业外资总资产控制的总体情况。

根据《中国统计年鉴》（2000—2011）的相关数据，可以计算出 1999—2010 年机械制造业的总资产控制度，结果见表 6-21。

表 6-21 1999—2010 年中国机械制造业外资总资产控制总体情况

年份	机械制造业外资总资产/亿元	机械制造业总资产/亿元	总资产控制度/%
1999	3 830. 26	15 940. 21	24. 0
2000	4 284. 38	16 833. 54	25. 5
2001	4 743. 76	17 935. 12	26. 5
2002	5 239. 16	19 485. 73	26. 9
2003	6 580. 76	23 574. 86	27. 9
2004	8 137. 50	28 096. 75	30. 0
2005	11 055. 99	34 335. 24	32. 2
2006	13 684. 07	41 173. 85	33. 2
2007	17 885. 84	51 874. 36	34. 5
2008	21 333. 40	67 150. 69	31. 8
2009	23 661. 44	77 534. 13	30. 5
2010	28 800. 31	97 218. 57	29. 6

数据来源：根据《中国统计年鉴》（2000—2011）相关数据整理、计算得到。其中，1999—2006 年的统计项目是“按行业分‘三资’工业企业主要指标”和“按行业分全部国有及规模以上非国有工业企业主要指标”；2007—2010 年的统计项目是“按行业分外商投资和港澳台商投资工业企业主要指标”和“按行业分规模以上工业企业主要指标”。

从表 6-21 可以看出，外资对机械制造业的总资产控制度自 1999 年以来，呈逐年上升的趋势，在 2007 年达到最高，为 34. 48%，2008—2010 年其控制度有所下降，但下降的幅度较小。

2. 外资固定资产净值控制的总体情况

固定资产净值控制度是从固定资产投资角度反映外资对国内产业固定资

产控制程度，这里用“外资固定资产净值控制度”来表示外资对我国工业的固定资产净值控制情况，可以用外资工业企业固定资产净值与我国工业企业固定资产净值之比来表示。

根据《中国统计年鉴》（2000—2011）的相关数据，可以计算出1999—2010年外资对工业的固定资产净值控制度，结果见表6-22。

表6-22　外资对我国工业的固定资产净值控制总体情况

年份	外资工业企业固定资产净值/亿元	工业企业固定资产净值/亿元	固定资产净值控制度/%
1999	9 062.95	47 281.43	19.2
2000	9 945.82	52 798.39	18.8
2001	11 282.39	56 628.28	19.9
2002	12 206.52	60 820.32	20.1
2003	13 722.33	66 068.38	20.8
2004	15 789.04	73 849.25	21.4
2005	22 189.12	92 802.57	23.9
2006	26 569.87	109 949.39	24.2
2007	31 909.23	129 123.56	25.7
2008	38 004.36	158 293.26	24.0
2009	40 442.24	179 547.09	22.5
2010	47 337.11	211 217.89	22.4

注：由于《中国统计年鉴2012》未统计“工业企业固定资产净值”这一指标，故未计算2011年相关数据。

数据来源：根据《中国统计年鉴》（2000—2011）相关数据整理、计算得到。其中：①“外资工业企业固定资产净值”指中国统计年鉴中1999—2006年的“‘三资’工业企业固定资产净值”和2007—2010年的“外商投资和港澳台商投资工业企业固定资产净值”；②“工业企业固定资产净值”指中国统计年鉴中1999—2006年的“全部国有及规模以上非国有工业企业固定资产净值”和2007—2010年的“规模以上工业企业固定资产净值”。

从表6-22可以看出，自1999年至2007年，外资对我国工业的固定资产净值控制度呈直线上升趋势，从1999年的19.2%上升至2007年的25.7%，到2008—2010年略有下降。但是需要注意的是，外商直接投资的减少并不能代表外资对我国工业产业控制力的下降。2008年，由美国次贷危机引起的全球金融危机爆发，对世界经济造成了很大的冲击，跨国公司也受到一定的影响。据统计，2007 年全球对外直接投资达到 2.1 万亿美元，2008 年全球对外直接投资下降到 1.5 万亿美元，到了 2009 年对外直接投资下降到 1.1 万亿美元，将近下降了一半①。由此可见，2008 年以来外资对我国工业固定资产净值控制度的下降有其特定的外部因素，因此，我国工业的产业安全仍需引起注意。

下面以我国机械制造业为例，说明外资固定资产净值控制的总体情况。

根据《中国统计年鉴》（2000—2011）的相关数据，可以计算出 1999—2010 年机械制造业的外资固定资产净值控制度，结果见表 6-23。

表 6-23 1999—2010 年中国机械制造业外资固定资产净值控制总体情况

年份	机械制造业外资固定资产净值/亿元	机械制造业固定资产净值/亿元	外资固定资产净值控制度/%
1999	1 285.90	4 723.95	27.2
2000	1 367.77	4 873.39	28.1
2001	1 518.54	5 042.90	30.1
2002	1 612.72	5 259.54	30.7
2003	1 837.53	5 923.87	31.0
2004	2 109.49	6 700.29	31.5
2005	2 812.89	7 977.34	35.3
2006	3 385.47	9 393.65	36.0
2007	4 129.88	11 314.37	36.5
2008	5 198.33	15 139.03	34.3
2009	5 904.48	18 323.2	32.2
2010	6 932.37	22 936.21	30.2

数据来源：根据《中国统计年鉴》（2000—2011）相关数据整理、计算得到。其中：① 1999—2008 年固定资产净值数据是相应年鉴中的“固定资产净值年平均余额”；② 1999—2006 年的统计项目是“按行业分‘三资’工业企业主要指标”和“按行业分全部国有及规模以上非国有工业企业主要指标”，2007—2010 年的统计项目是“按行业分外商投资和港澳台商投资工业企业主要指标”和“按行业分规模以上工业企业主要指标”。

① 冼国明. 2010. 金融危机对跨国公司的影响 . http：//www. cf1234567. com/20100914/312013965. html.

从表 6-23 可以看出，机械制造业的外资固定资产净值控制度在小幅度地增长，基本保持在 30% 的水平，到 2007 年趋于稳定且有下降的趋势，2010 年其控制度较 2007 年的最高水平下降了 6.3 个百分点。

（二）外资资产控制的行业情况

1. 外资总资产控制的行业情况

虽然我国工业总资产整体受外资控制的比重适宜，但是其中有些行业受外资控制的比重却很高。根据《中国统计年鉴》（2000—2011）的相关数据，可以计算出 1999—2010 年外资对于细分行业的总资产控制度，结果见图 6-16。

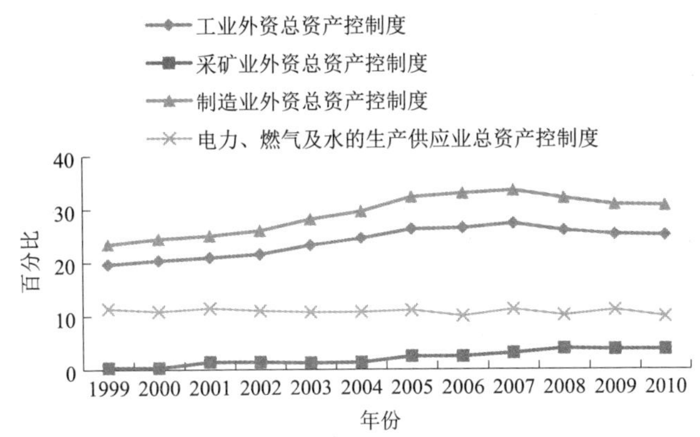

图 6-16 1999—2010 年工业外资总资产控制的细分行业情况

数据来源：根据《中国统计年鉴》（2000—2011）相关数据整理、计算得到。其中：①“外资工业企业总资产”指《中国统计年鉴》中 1999—2006 年的“‘三资’工业企业总资产”和 2007—2010 年的“外商投资和港澳台商投资工业企业总资产”；②“工业企业总资产”指《中国统计年鉴》中 1999—2006 年的“全部国有及规模以上非国有工业企业总资产”和 2007—2010 年的“规模以上工业企业总资产”。

从图 6-16 中可以看出，在工业的三个细分行业中，采矿业的外资总资产控制程度最低，自 1999 年至 2010 年呈现波动性上升趋势，并且保持在 5%以下；电力、燃气及水的生产和供应业的外资总资产控制程度也较低，基本维持在 11%上下波动，2010 年外资对该行业的控制度为 9.9%，是这 12 年来的最小值；自 1999 年至 2009 年，制造业外资总资产控制度的变化趋势与外资对工业总资产控制度的变化趋势一致，从 1999 年的 23.21%上升到

2007 年的 33.48%，受金融危机的影响，2008—2010 年略有下降，2010 年外资对该行业的控制度为 30.7%。

下面以我国高技术产业和机械制造业为例，说明外资总资产控制的行业情况。

（1）高技术产业外资总资产控制的行业情况。

以同样的方法对高技术产业各行业的年末固定资产原价数据进行处理，可得出 1999—2010 年中国高技术产业各行业三资企业总资产控制度，如图 6-17 所示。

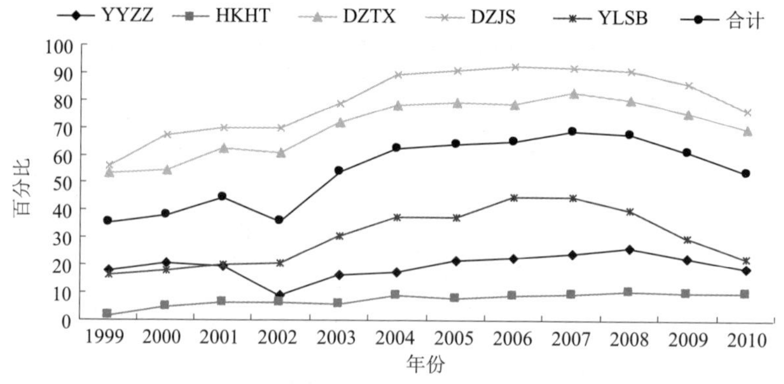

图 6-17 1999—2010 年中国高技术产业细分行业外资总资产控制情况

注：“YYZZ，HKHT，DZTX，DZJS，YLSB”分别为医药制造业，航空航天器制造业，电子通信设备制造业，电子计算机及办公设备制造业，医疗设备及仪器仪表制造业的前四个字首字母，分别代表这五个产业。

数据来源：根据《中国高技术产业统计年鉴》各行业相关数据计算得到。

由图 6-17 可知：① 电子计算机及办公设备制造业和电子通信设备制造业受外资总资产控制程度最高，且随年度变化增长趋势比较明显，电子通信设备制造业外资总资产控制度在 1999 年以前基本与电子计算机及办公设备制造业持平，2000 年以后虽有一定的差距，但增长趋势持平；② 医疗设备及仪器仪表制造业外资总资产控制程度增长较快，医药制造业外资总资产控制度增加的幅度反而较其他指标小；③ 航空航天器制造业虽然外资总资产控制度一直低于 10%，但是，随着市场的不断开放，该产业受外资控制度呈现正的增长趋势，至 2008 年，该产业外资总资产控制度首次超过 10%

的水平，考虑到航空航天器制造业的特殊性，这个增长速度已经足够引起重视。

（2）机械制造业外资总资产控制的行业情况。

根据《中国统计年鉴》（2000—2011）的相关数据，可以计算出机械制造业五大细分行业各自的外资总资产控制度，结果见图 6-18。

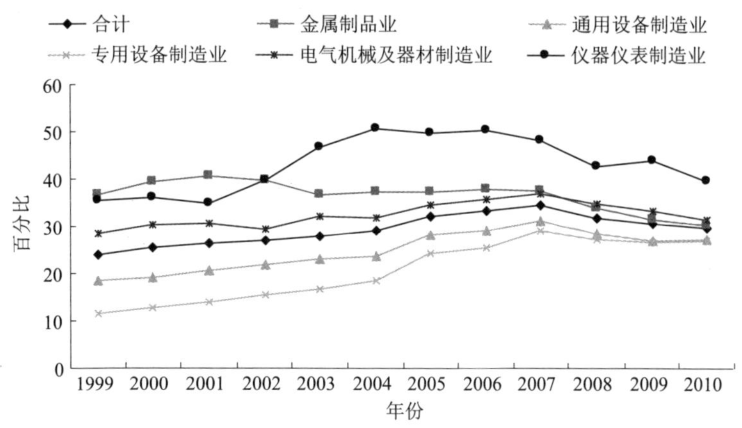

图 6-18　1999—2010 年中国机械制造业细分行业外资总资产控制情况

数据来源：根据《中国统计年鉴》（2000—2011）相关数据整理、计算得到。

从图 6-18 可以看出，外资企业资产在 5 个行业的总资产中所占比重在 2005—2010 年间全部达到 20% 以上，其中，在 1999—2002 年间，金属制品业总资产受外资控制度排在首位，之后在 2003—2010 年间，仪器仪表制造业最高。另外三个行业的外资总资产控制度自 1999 年开始一直持续上升，到 2007 年趋于稳定，在 2008 年及以后稍有下降。

2. 外资对我国工业固定资产净值控制的行业情况

根据《中国统计年鉴》（2000—2011）的相关数据，可以计算出 1999—2010 年外资对于采矿业，制造业，电力、燃气及水的生产和供应业这三个行业的固定资产净值控制度，结果见图 6-19。

从图 6-19 中可以看出，在工业的三个细分行业中，外资对采矿业的固定资产净值控制度最低，自 1999 年至 2009 年呈现波动性上升趋势，并且保持在 0～5% 之间。

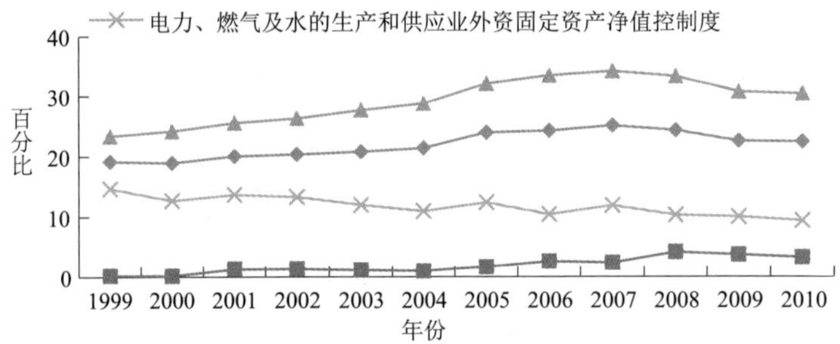

图 6-19 1999—2010 年工业外资固定资产净值控制的细分行业情况

数据来源：根据《中国统计年鉴》（2000—2011）相关数据整理、计算得到。其中：①“外资工业企业固定资产净值”指《中国统计年鉴》中 1999—2006 年的“‘三资’工业企业固定资产净值”和 2007—2010 年的“外商投资和港澳台商投资工业企业固定资产净值”；②“工业企业固定资产净值”指《中国统计年鉴》中 1999—2006 年的“全部国有及规模以上非国有工业企业固定资产净值”和 2007—2010 年的“规模以上工业企业固定资产净值”。

外资对电力、燃气及水的生产和供应业的固定资产净值控制度较低且呈现下降趋势，由 1999 年 14.7% 降至 2010 年的 9.3%。

自 1999 年至 2010 年，制造业外资固定资产净值控制度的变化趋势与工业外资固定资产净值控制度的变化趋势大体上一致，从 1999 年的 23.4% 上升至 2007 年的 34.2%，2008—2010 年略有下降，分别为 33.3%、30.8% 和 30.4%。

从以上分析可以看出，外资对我国工业的固定资产净值控制情况与外资对我国工业的总资产控制情况大同小异。

根据《中国统计年鉴》（2000—2011）的相关数据，可以计算出机械制造业五大细分行业各自的外资固定资产净值控制度，结果见图 6-20。

从图 6-20 中可以看出，机械制造业全部细分行业的外资固定资产净值控制度自 2005 年开始均高于 20%，到 2007 年均呈现下降趋势。仪器仪表制造业的外资固定资产净值控制度自 2003 年开始高达 50%，金属制品业在 2003 年及以前高于 40%，之后逐年下降。

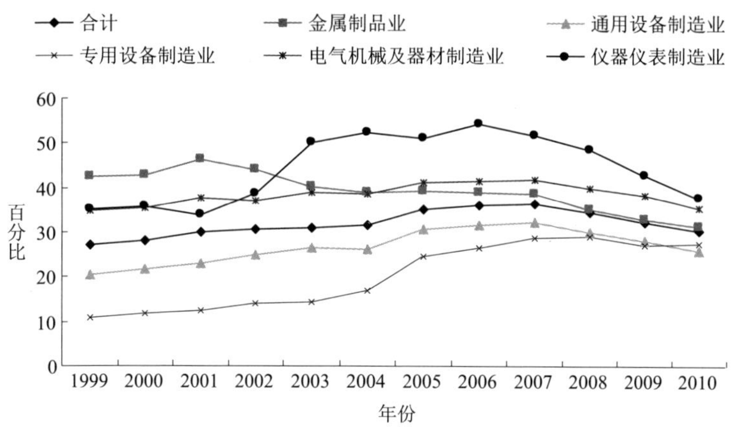

图 6-20 1999—2010 年中国机械制造业细分行业外资固定资产净值控制情况

数据来源：根据《中国统计年鉴》（2000—2011）相关数据整理、计算得到。

参 考 文 献

BAIN J S, 1956. Barriers to new competition. Cambride：MA Harvard University Press, 10.

STIGLER G J, 1968. The organization of industry. Home-wood, IL：Richard D. Irwin, 67.

白津夫，2006. 外资并购投资新动向、原因、后果及风险防范［J］. 理论前沿（7）：10-12.

薄文广，2007. 外国直接投资对中国技术创新的影响：基于地区层面的研究［J］. 财经研究（6）：14-16.

北京交通大学中国产业安全研究中心，2010. 2009 年中国产业外资控制报告［M］. 北京：北京交通大学出版社.

卜伟，2011a. 开放经济下的产业安全问题［N］. 中国社会科学报，03-08（17）.

卜伟，2011b. 我国产业外资控制与对策研究［J］. 管理世界（5）：180-181.

卜伟，2011c. 战略产业外资控制对自主创新的影响［N］. 光明日报，06-10（13）.

卜伟，谢敏华，蔡慧芬，2011. 基于产业控制力的中国装备制造业产业安全研究［J］. 中央财经大学学报（3）：62-66，91.

曹秋菊，2007. 开放经济下的中国产业安全［M］. 北京：经济科学出版社.

曹秋菊，2004. 跨国并购与中国产业安全问题研究［J］. 湖南商学院学报（14）：14-18.

曹颖，解利艳，2005. 产业组织理论的演化［J］. 东北林业大学学报（4）：93.

车维汉，张琳，2010. 市场结构、政府行为与技术创新关系研究［J］. 中国社会科学院研究生院学报（1）：66-71.

陈冀贾，远琨，2009. 外资垄断“锁喉”中国装备业［J］. 瞭望新闻周刊

(48).
陈军，尚杰，2009. 我国粮食行业市场集中度低的原因分析［J］. 商业研究（5）：215-216.
陈明森，2004. 产业升级外向推动与利用外资战略调整. 北京：科学出版社：148.
陈文军，2002. 运用反倾销法律武器维护丙烯酸酯产业安全［J］. 上海化工（12）.
程秀生，1996. 在国际竞争中振兴民族经济［J］. 中国外资（11）：7-8.
代志华，2006. 产业经济学理论与流派及其在我国的发展［J］. 经济师（1）：27-28.
戴丽华，2009. 国际贸易壁垒对我国产业竞争力的影响及对策［J］. 经济研究（5）：54.
丁冬红，1996. 社会发展的最高原则和实质内容［J］. 天津社会科学（1）：9-11.
董维刚，2005. 产业组织理论的哈佛学派［J］. 辽宁税务高等专科学校学报（2）：21-22.
董志勇，2004. 资本外逃对中国宏观经济的影响［J］. 经济学，3（4）：859-876.
冯江红，1999. 引进外资与维护本国产业安全［J］. 西藏民族学院学报（社会科学版）（1）：79-82，92.
付保宗，2009. 中国装备制造业产业安全形势及对策［J］. 经济与管理（5）：93-95.
付敏，2007. 产业安全问题讨论综述［J］. 经济理论与经济管理（2）：76-80.
高梁，2006. 凯雷并购徐工案：危害我国产业安全的典型案例［J］. 科学决策论坛（11）：23-26.
高梁，2010. 外资在华并购与国家经济安全形势［J］. 环球视野（282）.
高伟凯，徐力行，2008. 外资并购下发达国家产业安全防范体系的比较研究：对我国装备制造产业安全防范的启示［J］. 国际贸易问题（1）：82-85.
高秀艳，蒋存虎，2007. 中国装备制造业产业安全问题分析［J］. 经济纵横（11）：2-4.

顾海兵，1997. 中国经济的安全度评价［J］. 北京统计（6）：13-16.

郭海涛，2005. 开放条件下中国轿车产业的外资进入与市场结构分析［J］. 当代经济科学（5）：58-64.

国家发展和改革委员会宏观经济研究院课题组，2008. 我国电子细腻产业现状与安全问题测度［J］. 改革（8）：49-61.

韩昆，余天许，2009. 外资并购对国家产业和经济安全的影响与对策：以凯雷收购徐工案为例［J］. 中国经贸（6）：56.

何维达，何昌，2002. 当前中国三大产业安全的初步估算［J］. 中国工业经济（2）：25-31.

何维达，宋胜洲，2003. 开放市场下的产业安全与政府规制［M］. 南昌：江西人民出版社.

何维达，李冬梅，2006. 我国产业安全理论研究综述［J］. 经济纵横（8）：74-75.

何维达，李冬梅，张远德，2007. FDI 对我国产业安全的影响及其对策［J］. 生产力研究（24）：105-108.

何维达，张远德，吴玉萍，2007. 中国纺织工业发展预测及安全度估算［J］. 山西财经大学学报（5）：50-55.

何维达，潘玉库，吴玉萍，2009. 中国石化产业安全分析与定量估算［J］. 经济与管理研究（3）：61-65.

何维达，张孟，何丹，2011. 中国钢铁产业国际竞争力十大比较研究［J］. 生产力研究（3）：129.

贺力平，张艳花，2004. 资本外逃损害经济增长吗?：对 1982 年以来中国数据的检验及初步解释［J］. 经济研究（12）：66-74.

侯贤明，穆瑞田，2007. 产业组织理论中的进入壁垒理论［J］. 河北理工大学学报（社会科学版）（5）.

黄建军，2001. 中国的产业安全问题［J］. 财经科学（6）：1-7.

黄彤华，王振全，2007. 中国 BOP 表外资本外逃的主要渠道［J］. 北京工商大学学报，22（5）：6-10.

黄勇，2003. 国际竞争法研究［M］. 北京：中国友谊出版公司.

纪宝成，刘元春，2006. 对我国产业安全若干问题的看法［J］. 经济理论与经济管理（9）：5-11.
贾洪涛，2006. 跨国公司并购对我国产业安全的影响分析［J］. 北京经济（12）：56-57.
将丽丽，伍志文，2006. 资本外逃与金融稳定：基于中国的实证检验［J］. 财经研究，32（3）：93-102.
姜红，曾锵，2009. 零售业开放的经济安全评价预警指标体系构建［J］. 国际贸易问题（6）：105-111.
蒋志敏，2007. 基于产业安全的外资吧并购分析［J］. 生产力研究（4）：92-93.
金碚，1997. 中国工业国际竞争力：理论、方法与实证研究［J］. 经济管理出版社.
景玉琴，2004. 产业安全概念探析［J］. 当代经济研究（3）：31.
景玉琴，2005. 开放、保护与产业安全［J］. 财经问题研究（5）：33-36.
景玉琴，2006a. 关于产业安全问题的经济思想钩沉［J］. 江汉论坛（10）：109-114.
景玉琴，2006b. 产业安全评价指标体系研究［J］. 经济学家（2）：70-76.
景玉琴，2006c. 产业安全的根本保障：提升民族资本产业控制力［J］. 福建论坛（人文社会科学版）（1）：30-33.
景玉琴，2006d. 开放、保护与产业安全［M］. 北京：经济科学出版社.
景玉琴，宋梅秋，2006. 美国维护产业安全的政策及其借鉴意义［J］. 当代经济研究（5）：36-38.
蓝海涛，2006. 运用世贸补贴规定，维护我国产业安全［J］. 宏观经济管理（5）：48-51.
冷雪梅，綦建红，2002. 关于我国电信业进入壁垒的经济学分析［J］. 当代财经（10）：52-54.
李丹，吴祖宏，2005. 产业组织理论渊源、主要流派及新发展［J］. 河北经贸大学学报（3）：48-52.
李冬梅，2007. 产业安全的多层次综合评价研究［J］. 科技管理研究（6）：93-95.
李国欣，2001. 中资银行与外资银行竞争研究［J］. 财经理论与实践（12）：

23-25.
李红，2009. 产业安全评价指标体系的构建［J］. 当代经济（10）：40-41.
李连成，张玉波，2001. 试析 FDI 与我国产业安全［J］. 经济前沿（12）：12-15.
李连成，张玉波，2002. FDI 对我国产业安全的影响和对策探讨［J］. 云南财贸学院学报（经济管理版），16（2）：7-11.
李孟刚，2003. 客观认识产业安全［J］. 中国国情国力（179）：1.
李孟刚，2006a. 产业安全的分类法研究［J］. 生产力研究（3）：190-191，222.
李孟刚，2006b. 产业安全理论研究［M］. 北京：经济科学出版社.
李孟刚，2006c. 产业安全理论研究［J］. 管理现代化（3）：49-52.
李孟刚，2010. 产业安全理论研究［M］. 北京：经济科学出版社.
李孟刚，2012. 产业安全理论研究［M］. 北京：经济科学出版社.
李孟刚，2008a. 产业组织安全理论研究［J］. 生产力研究（24）：9-11，46.
李孟刚，2008b. 产业经济学［M］. 北京：高等教育出版社.
李孟刚，2008c. 产业安全［M］. 浙江：浙江大学出版社.
李孟刚，2011. 中国产业安全报告：2010—2011　产业外资控制研究. 北京：社会科学文献出版社.
李琪，王奕超，2007. 产业组织理论起源及发展［J］. 合作经济与科技（8）：4-5.
李世英，2005. 市场进入壁垒、进入管制与中国产业的行政垄断［J］. 财经科学（2）：111-117.
李文瑛，2008. 跨国公司独资化对我国产业安全的负面效应及对策［J］. 经济问题探索（1）：102.
李晓峰，2003. 资本外逃对中国经济影响的实证分析［J］. 金融研究（12）：72-82.
李秀香，2004. 幼稚产业开放式保护问题研究［M］. 北京：中国财政经济出版社：192.
李燕燕，2005. 跨国公司在东道国市场的价格分割［J］. 世界经济研究（5）：58-62.

李颖灏，王建明，2006. 解析我国零售业市场集中度问题［J］. 商业时代（24）：15-16.

李泳，王爱玲，2006. 中国重点行业安全评价指标体系研究［J］. 财经研究（10）：48-59，70.

利娜，郭炎，2008. 产业安全问题研究评述［J］. 首都经济贸易大学学报（5）：91-93.

刘爱东，陈林荣，2009. 市场集中度与应诉反倾销：一个分析框架［J］. 商业研究（19）：14-19.

刘刚，白钦先，2008. 热钱流入、资产价格波动和我国金融安全［J］. 当代财经（11）：43-49.

刘刚，张浩辰，2004. 在华外资企业的技术控制探讨［J］. 世界经济研究（10）：67-72.

刘满凤，2004. 入世后我国汽车工业发展安全度的定量估算［J］. 当代财经（6）：91.

龙正平，2000. 试论加入 WTO 后对我国产业组织的影响［J］. 上海财经大学学报，2（5）：24-28.

卢晓勇，2007. 利用外资战略与维护国家经济安全［M］. 北京：科学出版社.

卢新德，2004. 跨国公司本土化战略与我国产业安全［J］. 世界经济与政治论坛（3）：35.

鲁运超，2010. 从汇源并购案看我国反垄断法的作用从汇源并购案看我国反垄断法的作用［J］. 经济与法（2）：103-105.

罗建幸，徐红艳，2003. 低市场集中度中的市场机会［J］. 商业研究（16）：136-139.

罗亚非，蔡乾龙，2008. 有效对外技术依存度理论与实证研究［J］. 中国科技论坛（11）：93-97.

马晓河，赵苹，刘现伟，2009. 中国产业安全态势评估、国际借鉴及若干对策建议［J］. 改革（4）：5-20.

马有才，陈爱萍，2006. 基于产业安全的反倾销与反倾销联动策略［J］. 对外经贸实务（7）：9-11.

孟凡平，宋盛楠，2010. 试论我国产业安全的法律规制［J］. 生产力研究

（4）：216.

孟焰，刘丽芹，张军，2009. 国际游资、金融安全与金融审计［J］. 中央财经大学学报（6）：49-53.

苗天青，2004. 产业组织理论：演进与启示［J］. 徐州师范大学学报（5）：87-89.

宁学敏，2009. 基于DEA原理的中国农业产业安全度的评估与分析［J］. 生产力研究（24）：49-50，91.

彭俊明，2008. 美国金融危机的影响［J］. 今日中国论坛（11）：58-64.

钱小安，2003. 外资参与条件下的资产重组与并购［J］. 南开经济研究（2）：33-35.

乔颖，彭纪生，孙文祥，2005. FDI对我国产业风险的实证研究［J］. 世界经济研究（9）：28-34.

秦法萍，2006. 试析中国面临的国际经贸摩擦及应对措施［J］. 生产力研究（2）：157-159.

单春红，曹艳乔，于谨凯，2007. 外资利用对我国产业安全的实证分析：外资结构效应和溢出效应的视角［J］. 产业经济研究（6）：23-29.

单欣，2010. 电子信息产业安全研究［J］. 河南科技（10）：62.

沈剑飞，何倩，2005. 产业组织理论角度：中国电力行业与市场的SCP实证分析［J］. 中国科技信息（23）：6-8.

时间，顾红静，霍潞露，2011. 中国汽车产业国际竞争力评价研究［J］. 汽车工业研究（8）：2-7.

宋宝香，彭纪生，2007. 外资对中国本土品牌的挤出效应［J］. 现代经济探讨（5）：75-79.

宋聚国，刘艺卓，2010，进口对我国乳品产业安全影响的分析［J］. 技术经济（2）：60-62.

苏东水，2005. 产业经济学［M］. 北京：高等教育出版社.

孙瑞华，2006. 我国出口企业低价竞争的深层次原因及对策［J］. 商场现代化（1）：15-16.

孙晓琴，黄怡伟，2009. 金融危机下贸易保护对中国出口影响的实证分析：以对美出口机电产品遭遇技术性贸易壁垒为例［J］. 国际经贸探索（12）：

32-38.

佟家栋，周申，2007. 国际贸易学：理论与政策［M］. 北京：高等教育出版社.

童志军，1997. 利用外资和国家产业安全：美、日、韩、墨四国的政策及借鉴［J］. 中国软科学（2）：45-50.

万光彩，刘莉，2009. 中国的“热钱”规模究竟有多大：基于热钱流出渠道的估算［J］. 世界经济研究（6）：31-37.

汪浩泳，孔娴，2003. 外商直接投资对中国产业安全的影响［J］. 企业经济（1）：35.

王红领，陈涛涛，2008. 中国钢铁行业重组与外资的进入：以“莱钢”与阿赛洛合资案为例［J］. 江苏行政学院学报（3）：36-41.

王金龙，2004. 反倾销视角下我国产业安全的维护［J］. 当代经济研究（11）：64-67.

王俊，2006. 对外资进入后我国零售业发展安全问题的探讨［J］. 世界经济究（6）：34-38.

王丽，王苏生，黄建宏，2008. 我国零售业产业安全研究［J］. 中央财经大学报（6）：61-73.

王前超，课中明，2006. 论信息不对称条件下民营企业融资支持体系的完善［J］. 区域金融研究（10）：62-65.

王苏生，孔昭昆，黄建宏，等，2008a. 跨国公司并购对我国装备制造业产业安全影响的研究［J］. 中国软科学（7）：55-61.

王苏生，王丽，黄建宏，2008b. 跨国公司并购对我国影响及相关对策研究［J］. 经济问题探索（3）：145.

王涛，吴国蔚，曾诗鸿，2005. 外资准入政策与国家经济安全问题研究文献综述［J］. 上海经济研究（12）：21-30.

王学人，张立，2005. 产业安全问题制度非均衡成因探讨［J］. 求索（4）：18-20.

王燕梅，2004. 我国制造业的对外开放与国家经济安全［J］. 中国工业经济（12）：40-45.

王允贵，1997a. 产业安全问题与政策建议［J］. 开放导报（1）：27-32.

王允贵，1997b. 外资对我国产业安全的影响与对策［J］. 瞭望新闻周刊（3）：7-9.

卫教善，2010. 我国汽车产业安全问题及其对策研究［J］. 汽车工业研究（2）：2-9.

卫志民，2009. 刺激中国经济要靠供给政策［N］. 经济学消息报，12-04（1-2）.

魏浩，马野青，2005. 外商直接投资对我国经济安全的影响［J］. 中央财经大学学报（3）：67.

吴国英，赵红霞，2010. 差异化经营，努力规避“两反两保”［J］. 国际贸易（4）：23-25.

吴红，2009. 信用评级与金融安全［J］. 中国发展观察（1）：19-21.

夏兴园，王瑛，2001. 国际投资自由化对我国产业安全的影响［J］. 中南财经大学学报（2）：39-41.

肖文韬，万君康，2000. 经济全球化进程中国家经济安全问题初步研究［J］. 科技进步与对策（9）：28-29.

谢清河，2004. 我国资本外逃问题研究［J］. 经济与管理研究（5）：41-44.

辛德强，2007. 跨国公司产业控制下我国企业的自主品牌保护［J］. 江苏论坛（5）：126-127.

徐洁香，邢孝兵，2005. 当前我国农业产业安全问题探析［J］. 商业研究（17）：201-202.

徐天军，张慧明，2010. 信息科技革命与反垄断法的冲突：微软公司 VS. 美国司法部案例分析［J］. 经济研究导刊（9）：76-78.

许铭，2005a. 中国产业安全分析［D］. 上海：复旦大学.

许铭，2005b. 浅析韩国维护产业安全的成败与得失［J］. 亚太经济（5）：25-27.

许召元，陈小洪，2010. 对外资在中国工业行业分布现状的初步考察［J］. 发展研究（2）：35-41.

杨公仆，2005. 产业经济学［M］. 上海：复旦大学出版社.

杨公仆，王玉，朱舟，等，2000，中国汽车产业安全性［J］. 研究财经研究 26（1）：22-27.

杨蕙馨，栾光旭，2002. 加入 WTO 后外商直接投资对我国产业组织的影响［J］. 山东大学学报（哲学社会科学版）(6)：35-39.

杨柳勇，2002. 中国国际收支的超前结构：特征、形成原因、变动趋势和调整方向［J］. 世界经济（11）：11-18，80.

杨蕊，2004. 我国信用评级机构的发展策略［J］. 财经论坛（9）：84-85.

杨蔚，2010. 国际化战略的经验与启示：以海尔为例［J］. 山东经济（4）：44-47.

杨旭，2006. 呼唤进入外贸并购规范时代［J］. 中国改革（12）：48-49.

叶茂升，杨仕辉，2005. 美国钢铁保障措施对我国钢铁产业影响的实证分析［J］. 科技和产业（4）：14-18.

尹莉，2004. 对掠夺性定价的再认识［J］. 产业经济研究（4）：46-70.

尹栾玉，2010. 中国汽车产业政策的历史变迁及绩效分析［J］. 学习与探索（4）：167-168.

尹宇明，倪克勤，李亚平，2009. 国际游资对中国经济影响的实证研究［J］. 当代财经（5）：13-18.

于新东，1999. 产业保护和产业安全的理论分析［J］. 上海经济研究（11）：33-37.

于新东，2000. 中国加入 WTO 后产业保护和产业安全研究及对策［J］. 学习与探索（2）：4-12.

余佳群，张凤新，徐东颜，2007. 论产业组织合理化及其实现路径［J］. 辽宁工学院学报，9（5）：20-22，53.

张碧琼，1999. 论国际资本流动自由化理论渊源与制度选择［J］. 世界经济（1）：42-47.

张春玲，2010. 我国企业应对两反两保措施的思考［J］. 国际贸易（2）：137-138.

张金鑫，徐淼，谢纪刚，2010. 外资并购对我国医药产业安全的影响［J］. 财经研究（2）：56-59.

张立，2002. 维护我国产业安全的制度变迁模式初探［J］. 天府新论（4）：3-12.

张立，2007. 产业安全问题的国际政治经济学分析［J］. 天府新论（4）：46-52.

张亮，2008. 现阶段我国资本外逃的成因分析及其政策含义［J］. 兰州学刊（11）：60-64.

张小济，等，2003. 中国对外开放中的前沿问题［M］. 北京：中国发展出版社.

张中山，李冬梅，2006. 开放市场下我国产业安全形成机理［J］. 商业时代（17）：4-5.

赵广林，2000. 经济全球化背景下我国的产业安全［J］. 南京政治学院学报（2）：27-29.

赵丽佳，冯中朝，2008. 我国油料和植物油的产业安全：基于进口视角的分析［J］. 国际贸易问题（12）：29-36.

赵世洪，1998. 国民产业安全概念初探［J］. 经济改革与发展（3）：15-18.

赵书博，胡江云，2009. 中国纺织业产业安全形势分析［J］. 国际经济合作（6）：16-23.

赵惟，2005. 入世后我国电信业安全估算研究［J］. 当代财经（3）：96-100.

赵元铭，2008. 产业控制力的实现层次：基于后发国家产业安全边界的审视［J］. 世界经济与政治论坛（6）：56-58.

郑国伟，2006. 企业超国民待遇带来的负面影响［N］. 中国工业报，05-10（A02）.

郑晓梅，2010. 对我国大豆产业安全的思考［J］. 中国外资（4）：58-61.

郑新立，2006. 高度重视产业安全的监测预警和对策研究［J］. 财经界（9）：11-14.

周灏，2006. 中国反倾销统计及分析［J］. 商业经济与管理（7）：58-61.

周灏，2007. WTO 时代中国对外反倾销的特点及其思考［J］. 商业研究（9）：167-172.

周蓉，2007. 浅析美国对华实施“两反两保”措施的发展趋势及应对之策［J］. 财经管理（12）：139-140.

朱建中，2006. 论保障我国产业安全的政府规制建设［J］. 江汉论坛（10）：

24-26.
朱一飞，陶丽琴，2008. 外资品牌控制和技术控制及法律对策：我国外商投资政策转型背景下的考察［J］. 行政与法（10）：89-92.
朱钟棣，2006. 入世后中国的产业安全［M］. 上海：上海财经大学出版社.
祝年贵，2003. 利用外资和中国产业安全［J］. 财经科学（5）：113.